DEBUT D'UNE SERIE DE DOCUMENTS EN COULEUR

Couverture inférieure manquante

BULLETIN DE LA SOCIÉTÉ ARCHÉOLOGIQUE DE VERVINS

CARTULAIRE

DE L'ABBAYE

DE SAINT-MICHEL

EN THIÉRACHE

Par M. Amédée PIETTE

Vice-Président de la Société archéologique de Soissons, Membre de la Société archéologique de Vervins, etc., etc.

VERVINS

IMPRIMERIE DU JOURNAL DE VERVINS, RUE DE PARIS, 31

MDCCCLXXXIII

LE
CARTULAIRE DE SAINT-MICHEL

BULLETIN DE LA SOCIÉTÉ ARCHÉOLOGIQUE DE VERVINS

CARTULAIRE
DE L'ABBAYE
DE SAINT-MICHEL
EN THIÉRACHE

Par M. Amédée PIETTE

Vice-Président de la Société archéologique de Soissons, Membre de la Société archéologique de Vervins, etc., etc.

VERVINS

IMPRIMERIE DU JOURNAL DE VERVINS, RUE DE PARIS, 31

MDCCCLXXXIII

LE
CARTULAIRE DE SAINT-MICHEL

Il était d'usage, au moyen âge, dans les communautés civiles et ecclésiastiques, de faire transcrire sur des registres spéciaux, qu'on appelait *Cartulaires*, les pièces les plus importantes formant les archives de ces communautés, telles que : les contrats d'acquisition, de vente, d'échange, les donations, privilèges, immunités, exemptions, et en général toutes les chartes et les titres primordiaux.

Cette coutume offrait un grand avantage, car si une cause quelconque venait à faire disparaître les originaux, les copies pouvaient y suppléer dans une certaine mesure. En outre, pour la pratique des affaires, il était plus facile de consulter un recueil de copies reliées dans le même format et écrites de la même manière, que de recourir aux titres originaux.

Ces recueils ou cartulaires, destinés à enregistrer les doubles des actes, sont en général de beaucoup postérieurs aux titres qui y sont contenus ; et comme tous ont été écrits par les parties intéressées, sans aucun contrôle, quelques critiques se refusent à les considérer comme présentant toute l'authenticité désirable, soit qu'on ait altéré le texte de certaines, soit qu'on en ait introduit de fausses (1).

(1) Il est avéré que des moines peu scrupuleux, dans un intérêt de vanité, d'amour-propre, de rivalité claustrale, et même parfois de grossière cupidité, ont falsifié leurs chroniques et inventé des chartes apocryphes ; mais il serait injuste d'accuser les monastères d'avoir agi souvent avec cette mauvaise foi.

On peut voir à ce sujet les remarques de M. Paulin Paris dans son édition des *Grandes Chroniques de France*.

S'il est parmi ces sortes de recueils certains actes dont on peut suspecter la sincérité, il faut reconnaître qu'ils sont en infiniment petit nombre, et que la réunion, l'ensemble de tous ces titres, contenus dans un même volume, forme aujourd'hui une collection des plus intéressantes et des plus utiles tout à la fois, aussi bien pour l'étude de l'histoire générale de la France que pour l'histoire particulière des villes et des provinces, et surtout pour celle des établissements religieux. Aussi voyons-nous depuis plusieurs années le gouvernement publier ceux de ces documents qui lui paraissent présenter le plus d'intérêt, et les sociétés savantes des provinces, imitant son exemple, s'efforcer de faire sortir de l'oubli, soit par des publications complètes, soit par des extraits et des analyses, les cartulaires qu'elles ont à leur disposition. C'est à ce sentiment que j'obéis moi-même en essayant de mettre en lumière le cartulaire de la plus ancienne abbaye de la Thiérache, qui dort oublié depuis de nombreuses années dans les archives de la Société historique et archéologique de Soissons.

L'abbaye de Saint-Michel, comme tous les autres établissements du même genre, avait son cartulaire ; nous devons même supposer, d'après ce que nous apprend D. Lelong, religieux bénédictin de la maison, qu'elle en avait au moins deux, auxquels sans aucun doute elle attachait un grand prix. Mais malgré tous les soins dont leur conservation dut être environnée, ces précieux documents disparurent au milieu des nombreuses catastrophes dont le monastère fut si souvent la victime, particulièrement dans le XVIe et le XVIIe siècle, et dont nous rappellerons ici les principales.

En 1521, pendant les guerres de la rivalité de François 1er et de Charles-Quint, le village et l'abbaye de Saint-Michel furent pillés par les troupes du comte de Nassau, que Bayard avait contraintes de lever le siège de Mézières, et qui regagnaient les Pays-Bas en brûlant tout sur leur passage.

En 1536, la guerre sévit avec tant de rigueur dans la contrée qu'il fut impossible d'y demeurer. Les religieux emportant avec eux ce qu'ils avaient de plus précieux vinrent chercher un refuge dans la maison qu'ils possédaient à Vaux, au pied de la montagne de Laon (1).

(1) Le bourg de Saint-Michel et son village ont été souvent saccagés, brûlés et abandonnés en temps de guerre. Les auteurs de ces tristes révolutions furent,

Six ans plus tard, en 1542, les habitants de l'abbaye, rentrés dans leur demeure, furent de nouveau forcés de s'en éloigner par une invasion des troupes impériales qui réduisit en cendres les bâtiments claustraux et les toitures de l'église, laquelle ne dut sa conservation qu'à la solidité de ses voûtes. Cette fois ce ne fut plus à leur maison de Vaux que les cinq ou six religieux qui constituaient toute la communauté allèrent demander un asile, ce fut chez les Mathurins de Paris qu'ils se réfugièrent, puis à Châtillon-sur-Marne où les reliques et les archives qu'ils avaient avec eux furent détruites lors du pillage de cette ville, quand Charles-Quint s'en empara en 1544.

L'abbaye est occupée et ravagée par les Espagnols dans les années 1557, 1634, 1650 et 1653.

En 1677, les archives que les religieux avaient pu reformer furent, par mesure administrative ou par nécessité de guerre, transportées au bailliage royal de Ribemont, où elles périrent de nouveau lors du pillage de cette ville par la garnison espagnole de Cambrai.

1715. Incendie de l'abbaye.

Il est facile de comprendre comment au milieu de tant de calamités les archives de la maison de Saint-Michel ont dû disparaître. C'est au pillage de Châtillon-sur-Marne, en 1544, que, suivant D. Lelong, les pertes furent le plus sensibles ; ce serait là que disparurent les reliques de saint Algis et de saint Macalain ; là aussi que furent enlevés la plus grande partie des papiers du couvent, ainsi que les cartulaires dont l'un fut retrouvé à Rouen par Mabillon, et l'autre à Paris en 1772 (1).

en 1339, les Anglais qui ravagèrent la Thiérache ; l'année suivante, Jean, comte de Hainaut ; en 1521, le comte de Nassau ; en 1536 et 1542, les troupes de l'Empereur. Pendant ces désolations, les religieux s'étaient retirés dans la maison qu'ils possédaient à Vaux-sous-Laon, de là, à Paris, chez les Mathurins, ensuite à Château-Thierry, où en 1544 ils perdirent encore leurs meilleurs effets et leurs titres dont on retrouva un cartulaire à Paris en 1772. — Un parti espagnol, en 1557, mit le monastère à contribution et réduisit les religieux à la misère ; les guerres de religion et les divisions intestines ne lui causèrent pas moins de dommage. En 1650, elle fut de nouveau prise et pillée par le général Rose. (*Hist. du diocèse de Laon*, par D. Lelong, p. 149.)

(1) Dans son histoire manuscrite de l'abbaye de Saint-Michel, D. Lelong rapporte que c'est à Châtillon-sur-Marne et non à Château-Thierry qu'ont été perdues la plupart des archives de la maison.

Nous ignorons ce que devint le cartulaire retrouvé à Rouen par Mabillon. Les religieux firent-ils de suite des démarches pour obtenir sa restitution ? Nous n'en savons absolument rien. C'est de celui qui a été retrouvé à Paris que nous allons nous occuper.

La perte de leurs archives et surtout la destruction de leurs cartulaires se fit sans doute plus d'une fois ressentir parmi les religieux : ils pouvaient leur être fréquemment utiles dans les nombreux procès auxquels leurs privilèges et leurs immenses possessions donnaient si souvent lieu avec leurs voisins.

Ce n'est cependant que dans la deuxième moitié du XVIIIe siècle que nous les voyons se livrer à des recherches pour recouvrer un document qui devait leur être indispensable dans tant d'occasions.

Ils soutenaient contre les curés d'Hirson un procès important au sujet des grosses dîmes. Ce procès, commencé en 1748 et qui ne devait finir qu'en 1785, c'est-à-dire après une durée de trente-sept ans, leur causa beaucoup d'embarras et les détermina à se livrer à quelques investigations pour découvrir leur cartulaire, dans l'espérance d'y rencontrer des titres qu'ils pourraient présenter à l'appui de leurs prétentions. Dans l'été de l'année 1771, ils envoyèrent à Paris le révérend père Jean-Baptiste Arnould, procureur de la maison, avec mission de faire les plus actives recherches dans les collections bibliographiques publiques et particulières de la capitale.

Le père Arnould, après de nombreuses explorations, fut assez heureux pour retrouver, confondu au milieu des manuscrits de la Bibliothèque du roi, sous le n° 2736 du fonds Gaignière, le cartulaire qui restituait à son abbaye la connaissance de la date de sa fondation, celle de ses principaux bienfaiteurs et celle de la plus considérable partie de ses privilèges et de ses possessions.

On commença par en faire copier les actes qui semblaient les plus nécessaires ; mais on ne tarda pas à reconnaître qu'il valait beaucoup mieux posséder le recueil entier : alors les religieux, sans le concours de leur abbé commendataire, engagèrent le père Arnould à solliciter auprès du ministre l'autorisation de prendre une copie complète du manuscrit.

M. de La Vrillière s'empressa d'écrire à ce sujet à M. Bignon, bibliothécaire du roi, la lettre suivante :

« Versailles, le 28 janvier 1772.

« Le prieur et les religieux de l'abbaye de Saint-Michel-en-Thiérache, monsieur, ordre de Saint-Benoît, congrégation de Saint-Vannes, représentent depuis longtemps que le Cartulaire de leur abbaye se trouve compris dans les manuscrits de la bibliothèque du roi ; je leur avois accordé d'abord la permission d'en prendre des extraits, mais ils représentent aujourd'hui qu'ils auroient besoin d'en avoir une copie en bonne forme; je crois qu'il n'y a nul inconvénient à leur accorder la permission de la faire et je vous autorise d'en donner l'ordre au sieur Béjot, afin qu'il puisse s'arranger avec ces religieux et leur procurer la facilité qu'ils demandent.

« Vous connaissez les sentiments avec lesquels j'ai l'honneur d'être, monsieur, votre très-humble et très-obéissant serviteur.

« Le duc de LA VRILLIÈRE. »

Aussitôt qu'ils en eurent obtenu l'autorisation, les religieux s'empressèrent de faire faire la copie du Cartulaire dont il n'avaient pas pu obtenir la restitution, et ils firent revêtir cette expédition de tous les caractères qui devaient en établir l'authenticité, ainsi que le constatent les certificats ci-après, placés à la fin du Cartulaire :

« Je, soussigné, garde des manuscrits de la bibliothèque du roi, certifie qu'après avoir collationné la présente copie du Cartulaire de l'église de Saint-Michel-en-Thiérache, avec le manuscrit original faisant partie de la dite bibliothèque, sous le n° 2736, du cabinet de monsieur de Gaignières, je l'ai trouvée transcrite exactement, mot à mot dudit original. En foi de quoi j'ai signé.

« A Paris, le 20 septembre 1773.

« Signé BÉJOT. »

« Nous, Jérôme-Frédéric Bignon, chevalier, seigneur patron de Rozelles, Barneville, Ecosseville et autres lieux, bibliothécaire du roy, intendant du cabinet des médailles de sa majesté, certifions que la copie ci-dessus et des autres parts contenue en quatre cent cinquante-six pages et collationnée par le sieur Béjot, garde des manuscrits de la bibliothèque du roy, est conforme au Cartulaire de l'église de Saint-Michel-en-Thiérache conservé parmi les manuscrits de ladite bibliothèque, sous le n° 2736, du format in-quarto, écrit sur vélin. En foi de quoi nous avons signé le présent certificat et y avons fait apposer le cachet de nos armes.

« A Paris, en notre hôtel de la bibliothèque du roy, le 20 septembre 1773.

« Signé VIGNON. »

Au-dessous de ce dernier certificat se trouve transcrite la mention suivante, qui y fut ajoutée dix ans plus tard :

« Scellé à Hirson, le 19 avril 1783.

« Reçu 37 sols 6 deniers.

« Signé Lambin et Beaurin. »

Une note placée en tête du manuscrit nous fait connaître que pour sa transcription et son authenticité les religieux n'ont rien voulu négliger : aussi coûta-t-elle à la mense conventuelle, sans aucun concours des seigneurs abbés, au moins quatre cent cinquante livres.

Le certificat suivant nous apprend que dans cette somme la copie du volume et l'emballage entrèrent pour le chiffre de trois cent soixante-dix-huit livres.

« Je reconnois avoir reçu de D. Conscience la somme de trois cent soixante-quinze livres pour avance de pareille somme au copiste qui a fait la copie du Cartulaire de l'abbaye de Saint-Michel-en-Thiérache, que les religieux de la dite abbaye m'avoient prié de leur procurer en vertu d'un ordre du ministre et que je leur ai envoyée au mois d'octobre dernier, y compris trois livres pour l'emballage et le transport au carrosse.

« A Paris, le 9 janvier 1774.

« Signé Béjot. »

Malgré la production du Cartulaire qui leur avait coûté si cher, les religieux de Saint-Michel eurent la douleur de perdre le procès qui les avait déterminés à en faire la recherche ; ils virent avec peine l'avocat défenseur des droits du curé d'Hirson le traiter « de recueil informe, » d'amas indigeste de titres vrais ou supposés, de papiers domestiques, ouvrage des religieux (1). »

Le 22 août 1785, le cour du parlement mit fin au procès par un arrêt qui maintenait le curé d'Hirson dans la possession du droit de percevoir la totalité de la dîme novale.

La copie du manuscrit qui était venue prendre sur les rayons de la bibliothèque la place occupée autrefois par le manuscrit original devait avoir comme celui-ci ses vicissitudes, et disparaître à son tour pendant un temps pour n'être retrouvée que de longues années après.

(1) Procès entre le curé d'Hirson et l'abbaye de Saint-Michel, — 1748-1785 — par Edouard Bercet (page 22).

En 1790, au moment de la suppression des ordres monastiques, les riches collections bibliographiques appartenant aux abbayes de l'arrondissement furent, par ordre administratif, transférées à Vervins pour former la bibliothèque du district ; mais, avant comme après ce transfert, la plus grande incurie présida à la conservation de ces livres, dont un grand nombre furent dispersés de tous les côtés et dont le reste, porté à Laon par la suite, entra dans la composition de la bibliothèque du chef-lieu du département.

Le Cartulaire de Saint-Michel, ou plutôt sa copie, partagea le sort commun et disparut comme tant d'autres volumes précieux, sans que personne se préoccupât de sa perte ; le temps aidant, ou ne se souvenait même plus de son existence, à plus forte raison ne se préoccupait-on pas de savoir ce qu'il pouvait être devenu, lorsqu'au mois d'août 1852, M. Lebeau, originaire d'Avesnes, membre de la Société archéologique de Soissons, informa ses collègues qu'un cartulaire de l'abbaye de Saint-Michel se trouvait entre les mains d'un M. Deharmes, maire d'Avenelle, près Avesnes.

La Société, vivement intéressée par cette communication, dit le compte-rendu de la séance du 2 août 1852 (1), décida qu'elle écrirait au préfet afin de l'engager à faire l'acquisition du manuscrit pour les archives du département. Mais cette décision resta à l'état de lettre morte : le préfet ne fut pas prévenu.

Dans la séance du 8 novembre de la même année, M. Lebeau revint à la charge ; il donna la description du Cartulaire, en fit comprendre toute l'importance, et déclara que les héritiers de M. Deharmes ne voulant pas le communiquer au loin se montraient néanmoins disposés à le céder pour une somme de cent francs.

La nouvelle communication de M. Lebeau n'eut pas de suite ; les choses en restèrent là, et pendant plus d'un an il ne fut plus question du Cartulaire de Saint-Michel ; mais M. Lebeau ne perdit pas courage. Dans la séance du 9 janvier 1854, il obtint de la Société un crédit de cinquante francs, avec mission de négocier l'acquisition du manuscrit sur cette base ; il fut assez heureux pour réussir, et la Société archéologique de Soissons se trouve aujourd'hui en possession de ce livre précieux, qu'elle a laissé mal-

(1) *Bulletin de la société archéologique de Soissons*. Tome VI, p. 132.

adroitement inscrire sous le n° 250 des manuscrits de la bibliothèque communale de Soissons, à laquelle il n'appartient à aucun titre.

Le Cartulaire de Saint-Michel est un manuscrit moyen in-f°, relié en maroquin rouge, doré sur tranches ; chacun des plats de sa couverture porte, frappées en or, les armes de l'abbaye, c'est-à-dire l'archange Michel terrassant le démon.

Il comprend 456 pages en fort papier, ayant chacune une moyenne de vingt-six lignes, d'une écriture peut-être un peu fine, mais d'une netteté qui en rend la lecture extrêmement facile.

Tel est l'*Avertissement* que M. Amédée Piette a écrit pour le Cartulaire de Saint-Michel, dont il a remis à la Société archéologique de Vervins une analyse aussi substantielle que le Cartulaire lui-même.

Nous n'insisterons pas sur l'intérêt que présente pour nos localités cette œuvre consciencieuse dont M. Piette ne devait pas voir la mise au jour ; nous dirons seulement qu'il a rendu les recherches faciles en faisant suivre le Cartulaire d'une table chronologique des chartes, avec sommaire du sujet traité par chacune, et d'une table des noms de lieux qu'il suffit de parcourir pour apprécier de quelle utilité doit être ce recueil pour l'histoire de la Thiérache.

(*Note de la Commission de Publication.*)

CARTULAIRE

DE L'ABBAYE

DE

SAINT-MICHEL EN THIÉRACHE

1. — Page 5

HERBERT ARCHIDIACRE DE LAON CÈDE A UNE CERTAINE DAME NOMMÉE HERSINDE
LA CHAPELLE DE SAINT-MICHEL POUR Y ÉTABLIR UN MONASTÈRE

945. — Anno incarnationis domini nostri Jhesu Christi noncentesimo quadragesimo quinto, indictione tertia ordinationis mee......... Radulphus Laudunensis episcopus cunctis liquido fidelibus sancte Laudunensis ecclesie cui auctore Deo presumus tam presentibus scilicet quam futuris. Notum fieri volumus qualiter oratorium in saltu qui dicitur Terascia in honore beati Michaelis archangeli ex antiquo fuerat vili scemate constructum, sed postea prope fundotenus destructum. Processu denique temporis quedam matrona nomine Hersendis per assensum Herberti nostre ecclesie archidiaconi cui idem erat oratorium jure beneficiario collatum divina inspiratione componcta prout melius potuit restaurare libenter studit. Ubi causa orationis ad eumdem oratorium confluentibus diversarum partium populis laus et honor Dei omnipotentis et venerabilis memoria beati Michaelis archangeli adeo crevit ut etiam quidam homines Hibernice

regionis mare transnavigantes ad nos causa perigrinationis loca in quibus commorari deberent uspiare precurrentes ad predictam matronam angelico ductu ut credimus pervenerunt. Sicque audita fama ejusdem oratorii libenti animo illuc pergere dispositum fuit. Ipsius que loci perspecta vicinitate et propter remotiora loca ibidem Deo omnipotenti et sancto Michaeli archangelo tam ipsi quam eorum sequasces usque in finem seculi famulari decreverunt. Unde eadem matrona ardenti animo nostram expetit humilitatem ut predictis Dei servis eumdem conderemus oratorium quatinus ea vivente atque obeante juxta devotionem illorum ibidem peragerctur officium. Cujus petitioni bone voluntatis assensorum prebuimus nostre largitionis eo scilicet jure ut predicto oratorio uno quoque anno in festivitate sancti Michaelis archangeli pro respectu nostre ecclesie jam dicti servi Dei atque alii peregrini tam sue gentis quam nostre ibibem Deo usque in finem seculi servientes duodecim denarios studeant persolvere. Ut autem hec largitio nostra per succedentia temporum curricula inviolabilis permaneat hoc scriptum cum consilio fidelium nostrorum fieri jussimus et coram presentia senioris nostri videlicet Ludovicus regis ac principum ipsius regni relegere fecimus. Qui pro remedio anime et propria manu cum signo sui nominis firmavit et annuli sigillare precepit. Actum Lauduni x° nonas februarii, anno vero x Ludovico regnante.

2. — Page 7

DU DIXIÈME DE LA DIME DU VIN, DU FROMENT ET DES FOINS DE L'ÉVÊCHÉ DE LAON. — D'UN PAIN ET DE L'OFFRANDE DE LA CIRE ACCORDÉS A SAINT-MICHEL POUR CHAQUE MAISON SITUÉE DANS LES DOYENNÉS DE ROZOY ET DE THIÉRACHE. — D'UN MUID DE VIN A PRENDRE SUR UNGIVALLE.

1043. — Henry, roi de France..... sur les observations de Gebuin, évêque de Laon, qu'il existe dans son diocèse une communauté religieuse servant Dieu sous l'invocation de Saint-Michel, que cette communauté se trouve dans le dénûment le plus absolu, qu'elle manque des choses les plus nécessaires et qu'elle serait sur le point de se dissoudre si on ne venait à son secours : autorise le dit évêque à lui concéder le dixième de la dîme qui lui est due sur le vin, le froment et les foins dans toute l'étendue de son diocèse ; plus le droit de prélever chaque année sur chacune des maisons des doyennés de Rozoy et de Thiérache un pain et l'obole de la cire. Ce dernier don est fait avec l'assentiment d'Ebald, trésorier de l'église de Notre-Dame de Laon e de tout son chapitre. De plus, pour participer aux prières des frères placés sous la protection de saint Michel, l'évêque leur accorde un muid de vin de redevance annuelle à prendre sur sa vigne de *Ungivalle*.

Fait à Laon, l'an de l'incarnation du Verbe 1043. *Signé* : BAUDUIN, chancelier du roi.

3. — Page 8

DE LA CONCESSION DES AUTELS DE FONTAINE, DE FOIGNY, DE TEUBEIS ET DE MARFONTAINE. — DU DIXIÈME DE LA DIME DES FRUITS DE L'ÉVÊCHÉ DE LAON.

1053. — Léothéric, évêque de Laon, considérant que les canons et les anciens usages ne défendent pas aux évêques de disposer de certaines de leurs propriétés quand il y a nécessité et surtout lorsque c'est pour arriver à un plus grand bien..... fait savoir...... que Almoric, abbé du monastère de Saint-Michel-en-Thiérache, lui ayant fait connaître que sa maison se trouvait dans une situation très-malheureuse, il lui concède les autels de Fontaine, de Foigny, de Teubeis et de Marfontaine. Il confirme en même temps aux frères de Saint-Michel la rédécimation des fruits de la terre dans l'évêché de Laon et la rente d'un muid de vin qui leur a été donnée par Gebuin.

Fait à Laon en présence de notre seigneur Henri, le 3me des ides de novembre, la 22me année du règne du roi Henry.

(Le roi Henri 1er commença à régner en 1031 ; il faut donc faire remonter cette charte à l'année 1053.)

4. — Page 10

DE LA CONCESSION DES AUTELS DE LEUZE, SISSONNES ET BONCOURT. — DE LA CONFIRMATION DE RÉDÉCIMATION OU DIXIÈME DE LA DIME DE L'ÉVÊCHÉ DE LAON.

1107. — Waldricus (Gaudri) évêque de Laon, estimant que le devoir d'un prélat n'est pas seulement de procurer les secours spirituels à son troupeau, mais qu'il doit aussi aider les pauvres du Christ dans leurs nécessités matérielles, sachent tous que le monastère de Saint-Michel, dans la forêt de

Thiérache, que nos prédécesseurs avaient enrichi, se trouve aujourd'hu
dans la plus grande pauvreté, tant à cause de la mauvaise administration des abbés que par les dommages que lui ont causés des hommes
pervers, lui accordons en aumône avec l'assentiment de Guido, notre
archidiacre, et de tout notre conseil, les autels de Leuze, de Sissonnes, e
de Boncourt, sauf le droit épiscopal. Lui confirmons en même temps le
dixième de la dîme sur les fruits de l'évêché de Laon qui lui a été accordé
par Gebuin, l'un de nos prédécesseurs, ainsi que la dîme du vin provenan
du don personnel de cet évêque.

5. — Page 11

CONCESSION DES AUTELS DE BLICY, DE AGNIS, DE LEUZE, DE CHEVENNES ET CONFIRMATION DES AUTRES BIENS DE SAINT-MICHEL.

1123. — Barthélemy, évêque de Laon, désirant participer aux prières des
religieux de Saint-Michel, leur donne les autels de Blissy, d'Any, de Leuze
de Chevennes, ainsi que celui de Plesnoy ; leur confirme les autels des village
de Fontaine, de Marfontaine, de Teubiis et de Choigny, donnés par Gebuin
le dixième de la dîme des productions du sol dans l'évêché de Laon, le pai
et la cire à percevoir chaque année le jour de la fête de saint Algi
sur les maisons des doyennés de Rozoy et de Thiérache, enfin les autels o
cures des villages dont les noms suivent, qui leur ont été accordés pa
l'évêque Elinand, savoir : les autels d'Estrées, de Gergny, de Mont-Saint
Martin, de Lerzy, de Sains, de Rougeries et de Saint-Algis ; plus ceux de
villages de Sissonnes et de Boncourt dus à la générosité de l'évêqu
Waldric (Gaudry). Barthélemy termine sa charte en menaçant du châtimen
infligé à Dathan et à Abyron tous ceux qui seraient assez hardis pou
méconnaître ses prescriptions et les enfreindre. Donné à Laon le 7ᵐᵉ jou
des ides de novembre, l'an de l'incarnation 1123.

6. — Page 13

CONFIRMATION DES AUTELS ET DES AUTRES PROPRIÉTÉS DU MONASTÈRE

Vers 1145. — Nous L...... par la grâce de Dieu et du Saint-Siège évêqu
de Laon. Notre cher fils Léon (1) nous ayant fait connaître en prenant pos

(1) Léon gouvernait en 1135.

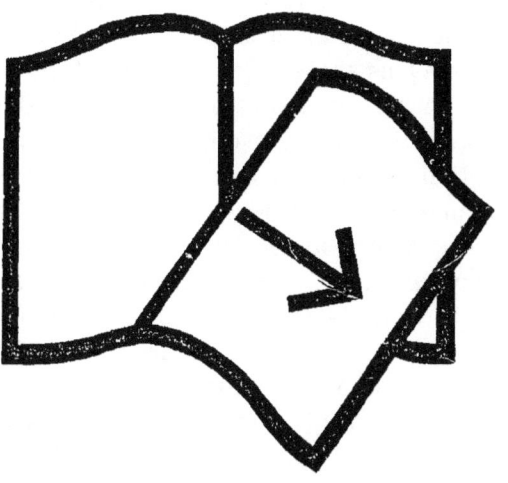

Documents manquants (pages, cahiers...)
NF Z 43-120-13

DE LA PAGE 5
À LA PAGE 16

session de la direction du monastère de Saint-Michel qu'il ne possédait encore aucun privilège du souverain pontife pour la sûreté et la garantie de ses propriétés, nous avons sur sa demande, usant de notre autorité apostolique, confirmé toutes les possessions du monastère que nous désignons ci-après : — le dixième de la dîme sur les fruits et les foins de l'évêché de Laon, — la dîme du vin, le pain et la cire dus par chaque maison dans les doyennés de Rozoy et de Thiérache, — quatre fertons d'argent (1) à percevoir chaque année sur l'église de Saint-Martin de Laon, — seize sous à prendre sur l'église de Saint-Nicolas de Clairfontaine, — douze deniers sur Hirson, — cinq sous sur Wimy, — le droit de tonlieu (2) le jour de la fête de Saint-Michel, — les autels d'Any, de Leuze, de Chevennes, de Plesnoy, de Marfontaine, de *Tubeis*, de Choigny, — de Mont-Saint-Martin, de Saint-Algis, de Sissonne, de Boncourt, de Lugny, de Ohis, de Jeantes, — l'autel de *Cumbis superioribus* (3) avec sa case (4), l'autel de Blicy avec sa case, l'autel de Fontaine avec sa case, l'autel d'Estrées avec sa case, l'autel de Gergny avec sa case et l'alleu de la même ville, la case de *Cumbis inferioribus*, deux parties de la case de la ville appelée *Ogis*. — la chapelle d'Hirson, — la case de l'église de Saint-Clément ; — dans la ville d'Estrées, la moitié de l'alleu possédé autrefois par dame Rasende de Péronne ; au même lieu, tout ce qui provient de Robert Mutel, du chef d'Elisabeth, sa femme, à l'exception de l'avouerie (5), de la pêche, de la chasse, d'un pré, d'une masure (*masuram*) qu'il a réservés pour son héritier, et d'une autre masure destinée à son fermier, — deux parties de l'alleu de Flavigny, deux parties également du moulin

(1) Le ferton était une monnaie d'argent équivalant au quart du marc. Il était du poids de deux onces.

(2) Tonlieu ou tonnelieu, imposition, de *teloneum* ou *telonium*. C'est un tribut de rouage, passage de pont.

(3) Dans le langage du temps, combe signifiait vallée, creux.

(4) *Casa, casa ecclesiæ*. Ce mot veut dire généralement case, petite habitation champêtre ; mais quand il est indiqué dans les chartes il comporte une désignation beaucoup plus étendue. Indépendamment d'habitation, il signifie aussi tous les biens et revenus de l'église, qui sont quelquefois aussi appelés *casati*.

(5) On nommait *avouerie*, les droits ou redevances abandonnés aux seigneurs *avoués* des abbayes et monastères pour la protection qu'ils leur accordaient.

du même lieu, — un muid de froment dû par le monastère d'Homblières, — l'alleu que Milon de Hirson avait possédé sur Gercy, Fontenelles et *Ogis*, — l'alleu situé sur Lugny, provenant de Wido de Marle et de Gérard de Voulpaix son frère, ainsi que le moulin du même lieu, — l'alleu de Chevennes, qui avait été possédé par Gérard de Voulpaix, Gébuin de Marle, Elisabeth de Guise et Tescia sœur de Renaud de Saint-Gobert, — l'alleu de Marfontaine provenant du dit Renaud de Saint-Gobert, l'alleu de *Cumbis superioribus* et de *Cumbis inferioribus*, pour les parties qui sont reconnues appartenir au monastère, — la ville nommée Crupilly avec sa forêt et son moulin, — dans la ville de Jeantes toute la terre comprise entre le ruisseau de Jeantes et la grande rivière avec la forêt et le droit de recueillir les abeilles, — dans le village de Vaux sous la montagne de Laon, la vigne appelée *Namtiers*, la vigne dite du *Champ Robold*, la vigne appelée *Notor* et celle de Vaucelle ; à la Longue-Vallée, un muid de vin et la dîme du vignoble, en Ongivalle, la dîme du clos du roi qui appartient à l'autel de Boncourt. Telles sont les propriétés des frères de Saint-Michel ; que Dieu les leur conserve en sécurité et en prospérité ! (Sans date.)

7. — Page 16

NOUVELLE CONFIRMATION DES BIENS DE L'ÉGLISE DE SAINT-MICHEL PAR L'ÉVÊQUE BARTHÉLEMY

1129. — Barthélemy, ministre indigne de l'église de Laon......, considérant qu'un des principaux devoirs des évêques est d'environner de leur sollicitude les églises et les monastères dans lesquels on invoque le seul Dieu et qu'il importe d'assurer leur tranquillité matérielle, afin qu'on puisse se livrer en toute sécurité à la dévotion et à la prière, déclare qu'il confirme et prend sous sa protection les biens ci-après de l'église de Saint-Michel et menace d'anathème quiconque essaierait sacrilègement d'y porter atteinte : la moitié de l'alleu de la ville d'Estrées donnée il y a fort longtemps par Rascende, dame de La Fère, la portion provenant d'Agnès de Péronne, celle que Robert Mutelle, sur le point d'entrer en religion, a donnée de notre temps, avec le consentement d'Elisabeth sa femme, pour le remède de son âme et de celle d'Elisabeth, à la réserve toutes fois, en faveur de Renier son fils, d'un pré, des droits d'avouerie, de chasse, de pêche, d'une maison pour son usage et d'une autre pour son fermier ; plus du revenu des hôtes (*hospitum*) et des jardins, à toucher seulement sa vie durant; et en faveur de sa femme Élisabeth, de la jouissance pendant sa vie de sa part de revenu sur le moulin et le pontonnage (1). La charte de Barthélemy mentionne que Elbert, abbé de Saint-Michel, pour récompenser Renier de ce qu'il ne s'était pas opposé aux volontés de ses parents lui fit cadeau d'un bon palefroy (*bonum palefridum*) ; — l'alleu de Flavigny, dont deux parties, ainsi que deux parties du moulin avaient été données autrefois à l'abbaye par dame Rascende, et dont la troisième portion avait été cédée par Robert Mutelle au moment où il se faisait moine, avec prière cependant d'en laisser l'usufruit à son fils Renier sa vie durant, ce qui avait été accordé par l'abbé Elbert tant que cela lui plairait ainsi qu'à ses successeurs ; — l'alleu de Lugny et son moulin concédés par Clairambault de Voulpaix et Wido son frère, la part de Gérard ayant été échangée avec le monastère moyennant une somme de LX sous, un palefroid et un roncin (*palefridum et runcinum*) (2) ; — l'alleu de Chevennes aumôné par Gérard de Voulpaix, Gébuin de Marle et Elisabeth de Guise ; — l'alleu de Morgny et la case de l'église de Saint-Clément provenant du même Gérard, de Gébuin son frère, de Raoul de Rogny et de Thomas de Berlancourt ; — un alleu sur Chevennes donnée en aumône à Saint-Michel par Tescia sœur de Renault de Saint-Gobert, avec l'assentiment de ses enfants Arnould, Jean et Thomas, et pour lequel elle reçut de la charité des moines (*de caritate fratrum*) une somme de XXXII sous; — l'alleu sur *Comies* donné par Jean, Warnier et *Haimo* ; — une masure dans la vallée de Saint-Michel donnée par Odolete de La Place (*de Foro*,) pour le salut de l'âme de Hugues son mari ; — un pré situé à Vregny (*in Viriniaco*), donné par Wuillaume de Vaux pour le repos de son âme ; — un champ sur le chemin qui conduit à Athies, donné pour le même motif par Gérard aussi de Vaux ; — VI deniers donnés par Renier, à prendre sur sa maison, pour le remède de son âme ; — une vigne et un jardin a Vaux, au lieudit La Barre, donnés pour les besoins de son âme, par Tebald à la Barbe avec le consentement de ses enfants ; — un muid de vin à prendre sur la vigne

(1) *Pontonagium*, droit que l'on payait pour le passage d'un cours d'eau.

(1) *Palefridum et runcinum*. Palefroi, cheval de bataille, et roncin, roncine, cheval et jument de service.

tenue par Gérard à la Longue-Ville ; — la dîme à prendre sur la même vigne ainsi que sur celle du Clos-du-Roi, en Ungivalle, qui appartient à la cure de Boncourt. — Fait à Laon le 8ᵉ jour des ides de novembre 1129.

8. — Page 20

VENTE ET DONATION A SAINT-MICHEL DU VILLAGE DE LOGNY-LÈS-AUBENTON
BOEGNIS

958. — Par cette charte, Weltrude déclare qu'elle cède à l'église de Saint-Michel le village de *Boegnis*, situé dans le comté de Laon, sur la rivière d'Aubenton ; moitié de cette cession est faite moyennant le prix de cxx sous, l'autre moitié est donnée en pure aumône pour le salut de son âme, de celles de son mari et de ses enfants. La donation comprend le domaine dans toute son intégrité, savoir : les terres cultes et incultes, les prés, les eaux, les maisons, même celle qui est adjacente à l'église dédiée à saint Brice ; le moulin situé sur la rivière, et la forêt où cinq cents porcs peuvent facilement se nourrir. Weltrude termine sa charte en menaçant de la colère de Dieu et de celle de l'archange Saint-Michel tous ceux qui voudraient porter atteinte à sa donation ; et pour lui donner plus de force elle l'a fait approuver et signer par le comte Elbert, son mari. — Fait dans le cloître de Saint-Quentin, le 7ᵉ jour des calendes de juin de l'an de l'Incarnation 958.

9. — Page 21

CONFIRMATION DE QUELQUES POSSESSIONS DU MONASTÈRE

1145. — Barthélemy confirme à l'église de Saint-Michel l'alleu de Logny donné au monastère par certaine noble dame nommée Wultrude, — l'avouerie du même lieu donnée par Hersonde, femme de Raoul, qui l'avait rachetée de Waultier, — l'alleu de Doïs avec ses revenus et trois sous sur le moulin, bien que l'église les ait rendus aux deux frères, — la dîme de Fligies, qui est reconnue appartenir à l'autel d'Estrées, — le droit de franchise pour tous les transports des choses du monastère dans les dépendances de la seigneurie de Rozoy, accordé par la comtesse de Rozoy avec le consentement de Renault son fils, — trois champs situés sur Coustanval, donnés par Herbert de Jeantes, le moulin et un pré qui lui est adjacent provenant de Renier son frère, — la case et l'autel de Buire, donnés par Renaud, Fulcon, Laurin (*Laurinus*) et Jehan d'Hirson (*de Yrecon*) avec l'approbation de Burchard de Guise et de Godefroy, son frère, de qui la terre ressortissait, — la forêt située sur Vilencel provenant des mêmes Renauld, Fulcon et *Laurinus*, — deux charrues de terre et dix faulx de prés données par Pierre seigneur de Sissonne du consentement de sa femme et de ses fils. — Fait à Laon, l'an de l'Incarnation 1145.

10. — Page 24

CONFIRMATION DU DIXIÈME DE LA DIME DES FRUITS DE L'ÉVÊCHÉ DE LAON.

1173. — Gaultier, évêque de Laon, à la demande de Guillaume, abbé de Saint-Michel, après s'être fait représenter les titres de l'abbaye et après avoir reconnu leur régularité, confirme la rédécimation ou le dixième de la dîme des fruits de l'évêché de Laon accordée au monastère par Gebuin, l'un de ses prédécesseurs. — L'an de l'Incarnation 1173, au mois d'octobre.

11. — Page 25

NOUVELLE CONFIRMATION DES MÊMES DIMES

1207. — Sur les sollicitations de Daniel abbé et des moines du monastère de Saint-Michel, Roger, évêque de Laon, leur confirme à perpétuité le dixième de la dîme des fruits de l'évêché de Laon. — Fait en 1207, au mois de mai.

12. — Page 26

DES CHOSES QUE L'AVOUÉ DOIT AVOIR DANS LA VILLE DE SAINT-MICHEL

1123. — Nous, Barthélemy, évêque de Laon,... considérant que les établissements soumis à nos soins ont souvent à se plaindre de ceux qui sont chargés de les protéger, et particulièrement de leurs avoués,... considérant que l'église de Saint-Michel n'est pas tout-à-fait exempte de ces inconvénients, avons arrêté ce qui suit de concert avec Wido de Gente qui tient en fief l'avouerie du monastère.

Lorsque l'avoué viendra modestement dans la ville de Saint-Michel avec dix ou quinze hommes, la ville subviendra honnêtement à ses besoins et à ceux de ses hommes ; il acceptera l'argent qui lui est dû dans Saint-

Michel, le jour de la Saint-Remy ; il ne peut imposer ni exiger aucune somme soit par lui-même soit par ses agents ; il doit accepter celle qui lui sera offerte raisonnablement par l'abbé ; il n'exigera rien de plus, soit par force, soit par prière. Il aura la moitié de la chasse des cerfs et des porcs ; il en sera de même de la chasse aux oiseaux de proie; dans les amendes que l'abbé pourra imposer aux hommes de la ville pour forfait, l'avoué ne doit rien avoir, excepté en cas de sang répandu sur la voie publique et de promesses données pour combat et en troisième banc. Si par hasard quelqu'un de la ville se montre rebelle aux choses ici annotées, l'avoué obtiendra la troisième partie de l'amende. Si quelqu'un de la ville ayant une querelle se réclame de l'abbé, ce dernier lui rendra justice avec l'aide des échevins. Les hommes de l'église ne peuvent comparaître devant la justice de l'avoué sans l'autorisation de l'abbé. Les hommes de la ville ne prendront pas les armes pour la sûreté et les besoins de l'avoué ; ils ne sortiront pas de la ville, à moins que le seigneur ne se trouve dans son château d'Hirson sur le point d'être environné par l'ennemi, dans ce cas les hommes de Saint-Michel doivent le protéger avec ses autres fidèles. Tels sont les seuls droits que l'avoué a sur Saint-Michel : il ne peut prétendre à aucun autre sur l'église qui est entièrement libre de toute domination laïque.

Il faut encore ajouter à cet écrit que l'abbé ne peut recevoir de tout condamné pour forfait que la somme de deux sous, excepté pour les crimes indiqués plus haut et pour vols à main armée. Il faut dire aussi que le droit de l'avoué ne suit pas l'homme ou la femme qui quitte la ville, ce qui a été décidé par nos prédécesseurs et par le comte Elbert, fondateur de l'église de Saint-Michel, décision que nous confirmons en frappant du glaive de l'anathème tout téméraire qui oserait s'opposer à notre écrit. — Fait l'an de l'Incarnation du Verbe mil vingt-trois. (1).

13. — Page 28

LA VILLE DE SAINT-MICHEL NE PEUT ÊTRE SOUMISE AU BAN DES SEIGNEURS
DE GUISE ET D'HIRSON POUR CAUSE D'AVOUERIE

1153. — Gauthier, évêque de Laon,... certifie que Jean, abbé de Saint-

(1) Il y a évidemment erreur dans l'indication de cette date ; Barthélemy de Vir n'ayant été évêque de Laon que de 1113 à 1151. C'est 1123 qu'il faut lire au lieu de 1023.

Michel, et les moines de son monastère, ont fait passer sous ses yeux et ceux de ses clercs le privilège accordé par le comte Elbert, fondateur de la ville et de l'église de Saint-Michel, en raison duquel ils ne peuvent être soumis au ban des seigneurs des terres de Guise et d'Hirson, pour cause d'avouerie, et confirme ce privilège. — L'an de l'Incarnation 1153.

14. — Page 28

LES HOMMES DE SAINT-MICHEL NE PEUVENT ÊTRE ARRÊTÉS NI LEURS BIENS SAISIS POUR LES DETTES DE L'AVOUÉ

(....) — R..., évêque de Laon, sur la plainte à lui faite par l'abbé et les religieux de Saint-Michel, que cinq hommes de leur église avaient été arrêtés et leurs biens saisis pour répondre des dettes de Théodoric leur avoué, déclare que les hommes de Saint-Michel ne sont nullement responsables des dettes de l'avoué, que les hommes doivent être mis en liberté et les biens rendus. Il sera défendu de célébrer les offices tant que satisfaction n'aura pas été accordée à l'abbé. — (Sans date.)

15. — Page 30

PARDON ACCORDÉ AU SEIGNEUR EGIDIUS A L'OCCASION DU MEURTRE DE L'ABBÉ GOBERT

1219. — Anselme, par la grâce de Dieu évêque de Laon, fait connaître à tous qu'il a reçu de vénérable et religieuse personne, Jacob, pénitencier du pape, des lettres conçues en ces termes :

Jacob, pénitencier de notre seigneur le pape, au vénérable père par la grâce de Dieu évêque de Laon, salut en notre Sauveur. Nous vous faisons savoir qu'Egidius de Saint-Michel est venu à nous et nous a exposé avec larmes, qu'étant à peine âgé de quinze ans, poussé par une inspiration diabolique et entraîné par des compagnons qu'il avait amenés avec lui et sous son autorité, il avait tué l'abbé du monastère de Saint-Michel ; que déjà pour ce crime il avait été absous par R... de Curteon, légat du pape en France, à la condition d'aller combattre les hérétiques albigeois, ce qu'il avait fait. Mais que toujours tourmenté par son forfait, il s'adressait humblement à la curie romaine afin d'en obtenir la rémission. Comme la sacro-sainte église romaine ne ferme jamais son sein à ceux qui reviennent à elle, nous lui avons pardonné au nom du saint père le pape dont nous remplissons les fonctions en cette circonstance et nous le renvoyons absous après lui avoir toutes fois imposé la pénitence qui suit : tout d'abord il abandonnera à toujours, en faveur de l'abbé, les prétentions ou les choses qui l'ont amené à commettre son crime ; cet abandon aura lieu sur l'autel de Saint-Michel. Il établira à perpétuité, dans le monastère dont il a fait périr l'abbé, un chanoine chargé de célébrer la messe pour le repos de l'âme du défunt. Pendant trois ans, le dimanche le plus près de la fête de Saint-Michel, le jour de la fête même et le dimanche qui la suivra, il assistera à la procession, seul, nu et en chemise, portant une verge dans les mains ; au milieu de la procession il viendra vers l'abbé ou celui qui sera chargé de la diriger, lui présentera les verges, et prosterné à ses pieds, recevra la discipline. Il enverra outre mer un serviteur compétent qui y demeurera six mois au service du Christ. Pendant quatorze ans, il jeûnera le samedi au pain et à l'eau et le mercredi avec des légumes seulement. Si par nécessité, il ne peut jeûner le samedi, il nourrira trois pauvres; s'il ne peut jeûner le mercredi, il se rachetera en nourrissant deux pauvres. Le dit Egidius a promis de se soumettre à cette pénitence dans le délai de quinze jours dès qu'il sera rentré en grâce avec son seigneur suzerain G. d'Avesnes, et de se livrer immédiatement aux jeûnes et à tout ce qu'il pourrait faire de lui-même. Nous avons accordé cette indulgence par les conseils du vénérable J.., doyen de Saint-Quentin, nous réservant de la relâcher ou de la modifier avec le temps, suivant ce qui nous paraîtra le mieux et suivant le repentir du dit Egidius. — Donné à Viterbe, l'an de grâce 1219, au mois de mars.

16. — Page 32

DE LA PAIX FAITE ENTRE NOUS ET LE SEIGNEUR EGIDIUS AU SUJET DU MEURTRE DE L'ABBÉ

(1232.) — Anselme, évêque de Laon, certifie que pour mettre un terme à la discorde qui existait entre l'église de Saint-Michel d'une part et Egidius avoué de la même ville, d'autre part, au sujet du meurtre de l'abbé Gobert, qui avait été tué dans l'enceinte même du monastère par les ordres dudit Egidius, les parties sont convenues de ce qui suit : Egidius, avec l'assentiment et la volonté de Widele sa mère et de Félicité son épouse, a institué pour l'âme du défunt une chapelle dans l'église de Saint-Michel ; cette chapelle sera desservie à perpétuité par un moine ou toute autre personne au choix de l'abbé ; les revenus assignés à la dite chapelle consistent en quatre muids d'avoine à la mesure de Saint-Michel, qui seront livrés tous les ans à la Saint-Remy en octobre et prélevés sur les revenus de même nature dus à Egidius sur la ville de Saint-Michel, plus 20 chapons livrés le lendemain de Noël et pris sur ceux qui sont dus à Egidius par la ville de Rochefort ; à ces conditions les parties consentent à se décharger réciproquement de toutes les choses qui concernent le meurtre de l'abbé Gobert. — Fait l'an 1232, au mois de janvier.

17. — Page 34

DES BOIS QUE NOUS AVONS DONNÉS AU SEIGNEUR D'AVESNES

1183. — Qu'il soit connu de tous présents et à venir que l'église de Saint-Michel ayant été gravement inquiétée par divers à l'occasion de ses forêts et voulant conserver ses droits, elle a résolu de prendre Jacob d'Avesnes pour avoué et de partager lesdits bois avec lui (*nemorum fecit participes*). Jacob d'Avesnes et ses héritiers auront la faculté de construire une maison forte (*fortem domum*) sur leur fonds, excepté dans les villes de Saint-Michel et de Rochefort; à ces conditions, Jacob d'Avesnes consent à protéger l'église de Saint-Michel contre tous ceux qui essaieraient de la tourmenter au sujet de ses bois. — Fait l'an de l'Incarnation 1183, au mois de janvier.

18. — Page 34

DES CORVÉES DUES PAR CEUX DE LA VILLE DE SAINT-MICHEL.

1202. — Raoul, par la grâce de Dieu abbé de Saint-Michel, fait connaître à tous qu'après diverses discussions survenues entre le couvent et les hommes et les tenanciers (*mancionarios*) de la ville de Saint-Michel au sujet des corvées et de quelques autres impôts qu'on exigeait d'eux, il a été convenu ce qui suit : Les dits habitans seront exempts à l'avenir de toutes corvées, à l'exception de celles qui s'appliquent à la réparation des digues. En remplacement des corvées tout habitant de Saint-Michel qui travaille ou qui fait travailler paiera chaque année à l'abbaye, pour tout animal qu'il possédera, soit bœuf, soit jument, soit âne, huit deniers de bonne monnaie, dont quatre seront soldés le dimanche après la Saint-Martin, et quatre dans l'octave de la Pentecôte. Les manouvriers (*mannoperarii*) paieront quatre deniers également dans l'octave de la Pentecôte. Celui qui ne paiera pas dans le délai fixé sera soumis à une amende de deux deniers. Si on manquait de bonne monnaie, on en donnera l'équivalent ou on s'acquitterait en telle monnaie que les évêques de Laon ont coutume de recevoir pour leurs revenus.

L'abbé et son chapitre s'engagent à n'établir aucune autre taille ou impôt quelconque sur les habitants de Saint-Michel. — Fait en 1202, au mois de janvier.

19. — Page 36

DE LA SOMME DE VINGT SOLS DESTINÉE AU REPAS DES FRÈRES LE JOUR DE SAINT BLAIZE, MARTYR.

1290. — Nicolas, abbé de Saint-Michel, fait connaître que Hugues, prieur du monastère, a acquis d'Elvide *la meunière* un muid de blé, mesure de Guise, qui, réuni aux deux muids qu'il est en droit de percevoir sa vie durant sur la grange des religieux, sera converti en une somme de 20 sols destinée à subvenir et à augmenter le repas des frères le jour de la fête de saint Blaize, martyr.

A la demande du prieur Hugot, il consent qu'après la mort de celui-ci la donation soit affectée intégralement à la réfection des moines au jour indiqué. — Fait l'an 1290.

20. — Page 36

LES ÉVÊQUES DE LAON NE PEUVENT PRÉTENDRE AU DROIT DE GITE DANS LES MAISONS ET DANS LES FERMES DE L'ABBAYE

1231. — Anselme, évêque de Laon, déclare que si dans plusieurs circonstances il a été accueilli dans les maisons ou dans les fermes appartenant à Saint-Michel, ce n'a été qu'à cause de son amitié et de sa familiarité avec son cher frère Guido, abbé du monastère, et qu'il ne peut en résulter aucun droit pour ses successeurs.

L'abbé n'a agi envers lui que par gracieuseté et il n'a accepté l'hospitalité qu'au même titre. — Fait l'an 1231, au mois de novembre.

21. — Page 37

ON NE PEUT FONDER UNE CHAPELLE SUR LE TRÉFONDS DE L'ÉGLISE DE SAINT-MICHEL SANS LE CONSENTEMENT DE L'ÉVÊQUE DE LAON ET DE L'ABBÉ

1231. — Anselme, évêque de Laon, défend à qui que ce soit d'instituer et de créer une chapelle ou une église, soit sur les limites, soit dans l'intérieur des paroisses de Saint-Michel, de Rochefort, de Blicy et de Fontaines, et même dans tout le tréfonds de l'église, sans la permission et la volonté de l'abbé et de l'évêque. — Fait à Laon, au mois de novembre de l'année 1231.

22. — Page 38

LES ÉVÊQUES DE LAON NE PEUVENT INTERVENIR DANS L'ÉLECTION DES ABBÉS DE SAINT-MICHEL

1245. — Garnier, évêque de Laon, déclare que, bien qu'à la prière du prieur et des religieux, il ait été appelé à participer à l'élection de l'abbé après la mort de l'abbé Gobert, les évêques ses successeurs ne peuvent prétendre à aucun droit d'intervention dans les élections du monastère. — L'an de l'Incarnation 1245, la veille de la Saint-Michel.

23. — Page 39

ACCORD FAIT ENTRE LES RELIGIEUX ET ANDRÉ DE LA PLACE AU SUJET DU MOULIN DE SAINT-MICHEL

1239. — Robert, bailly du seigneur d'Avesnes, certifie qu'en sa présence André de La Place (*de Platea*), Poliard, et Colin ses fils, Thomas, Audruin et Manduele ses neveux, ont déclaré n'avoir aucun droit sur un certain moulin situé à Saint-Michel, devant l'abbaye ; que s'ils en avaient, ils les abandonnaient à perpétuité et sans réserve à l'abbaye, et que dans le cas où ils viendraient à agir à l'encontre de ce qu'ils déclarent aujourd'hui sous la foi du serment, ils consentaient à être traités par le bailly d'Avesnes comme des voleurs et des violateurs de leurs serments. — Fait l'an 1239, au mois de novembre.

24. — Page 40

CONSTITUTION OU FONDATION DE LA VILLE DE ROCHEFORT

1185. — Sachent tous, par ces présentes, que l'église de Saint-Michel et Wautier de Bouzies ont autrefois fondé la ville libre de Rochefort et l'ont assujettie à la coutume de Landouzy-la-Ville, avec les exceptions suivantes : les habitants se serviront d'une monnaie de la valeur de celle de Châlons ; ils auront droit d'aisance dans les bois et dans les eaux ; ils ne pourront être conduits à la guerre ou en chevauchée que selon les usages des bourgeois de Saint-Michel ; les revenus et les produits utiles seront partagés par moitié entre l'abbaye et Wautier de Bouzies, à l'exception du terrage, de la dîme, et en général de tout ce qui appartient à l'église. Ont signé : Willeaume abbé, Vaubert prieur, Evrard, Willeaume, Henry, Hugues et Ysaac prêtres, Wautier de Bouzies, Drogon et Théodoric, ses frères et héritiers, Gérard de Amerville *(de Amaravilla)*, Drogon de Belleperche (*de Bello Ramo*), Helye, Egidius de Senlaces (*de Senlaces*), chevalier, Gérard Le Roy et *Wimeranus*. — Fait en l'année 1185 de l'Incarnation du Verbe.

25. — Page 41

JUGEMENT RENDU PAR LE FRÈRE JEAN, CHANOINE DE BUCILLY, ET THOMAS, CURÉ DE SISSONNES, ENTRE L'ABBAYE ET ANDRÉ DE LA PLACE AU SUJET DU MOULIN DE SAINT-MICHEL

1247. — Le procès qui s'était élevé en 1239 entre le couvent et André de La Place, au sujet du moulin situé près de l'abbaye, et qui avait été réglé par l'intervention du bailly d'Avesnes, se ranima de nouveau peu d'années après. André de La Place, Ermangarde sa femme, Polliart et Colin leurs fils, les femmes et les enfants de ces derniers, se prétendirent lésés par la décision du bailly d'Avesnes et réclamèrent une nouvelle indemnité ; le frère Jean, procureur de la maison, qui représentait les moines comme chargé de leurs intérêts, refusait de reconnaître les droits des réclamants sur le moulin et disait que s'ils en avaient eus, ils les avaient abandonnés et y avaient renoncé devant le bailly d'Avesnes, et il produisait les lettres écrites à ce sujet. André de La Place et les siens répondaient qu'ils avaient eu la main forcée, que le bailly d'Avesnes avait employé vis-à-vis d'eux la force et la violence *(per vim et violentiam)* et que lui-même, André de La Place, avait été à cette occasion emprisonné dans le château d'Hirson et en d'autres lieux. Enfin après de nombreuses altercations (*post multas altercationes*), les parties, c'est-à-dire Jean, procureur du couvent, au nom des religieux, d'un côté, André de La Place et sa famille, de l'autre, résolurent de remettre l'affaire à l'arbitrage de deux experts, s'engageant réciproquement par serment à se soumettre à une amende de 100 livres parisis s'ils refusaient de se conformer à leur décision.

Les deux experts choisis furent le frère Jean, religieux prémontré de Bucilly, et Me Thomas, curé de Sissonnes. Après avoir examiné l'affaire et pris le conseil d'honnêtes gens (*bonorum virorum consilio*), ils rendirent le jugement suivant : L'église de Saint-Michel possédera dès aujourd'hui et à toujours le moulin en question dans toutes ses parties et dépendances, partout où elles seront situées. André *de Platea*, Ermangarde, Poliard, Collin, Marie et leurs héritiers n'y auront plus aucun droit et ne pourront plus désormais inquiéter l'abbaye à son sujet. Mais pour les indemniser du dommage qu'ils ont pu éprouver et même du droit qu'ils avaient ou pouvaient avoir, et aussi par amour pour la paix, l'église de Saint-Michel, sur la prière des experts, consent à leur donner une somme de trente-sept livres parisis qui leur a été délivrée en argent comptant (*in pecunia numerata*).

L'église leur pardonne aussi, ainsi qu'à ceux qui les ont aidés, savoir : Johan Genblues et Colin *le forgeron*, et cela autant qu'il est en elle, tous les torts et dommages qu'ils lui ont occasionnés, à la condition pourtant que les dits André, Ermangarde, Poliard, Colin et Marie, soit par eux-mêmes, soit par toutes autres personnes, s'abstiendront désormais de toute revendication envers l'abbaye, non-seulement à l'occasion du moulin, mais aussi sur toute autre chose. Dans le cas où ils seraient assez téméraires pour agir autrement, ils seront poursuivis sur toute terre, lieu et seigneurie où ils pourraient être retrouvés, et là, soumis, et l'amende convenue exigée sans réserve. — Fait l'an de Notre-Seigneur 1247, au mois de décembre.

26. — Page 45

INVITATION DONNÉE AU DOYEN DE LEUZE DE CONNAITRE ET DE RAPPORTER LA PAIX FAITE ENTRE ANDRÉ DE LA PLACE, SES ENFANTS, ET NOTRE ÉGLISE.

1217. — Maître Thiébaut de Baya, chanoine et official de Laon, au doyen de Leuze, salut. Nous vous avons désigné afin que vous puissiez entendre à notre place le procureur de l'église de Saint-Michel et André de La Place, sa femme et ses enfants, au sujet de l'accord qu'ils viennent de faire entre eux ; vous en rédigerez un écrit fidèle et clair sous votre seing, et vous nous l'enverrez fermé, afin que nous puissions le fortifier par l'apposition du sceau de l'officialité de Laon. — Fait l'an 1247, le dimanche après la fête de saint Clément.

27. — Page 46

LETTRES DE L'OFFICIALITÉ DE LAON AU SUJET DE L'ACCORD FAIT ENTRE ANDRÉ DE LA PLACE ET NOTRE ÉGLISE

1247. — Dans cet acte, l'officialité répète et approuve l'accord fait entre les parties sur la proposition des deux arbitres, Jean, religieux de Bucilly, et Thomas, curé de Sissonnes. On y voit de plus, d'après le rapport du doyen de Leuze, que André, Ermangarde, Polliard, Colin, la femme et les enfants de ces derniers ont déclaré qu'ils se considéraient comme entièrement satisfaits de la décision des arbitres et qu'ils consentaient, s'ils venaient à l'enfreindre, à être considérés comme des larrons et des voleurs (*tanquam de furibus et latronibus*) que la justice devait poursuivre en tout lieu. — Fait au mois de décembre 1247.

28. — Page 50

MANDEMENT DONNÉ AU DOYEN D'AOUSTE PAR L'OFFICIALITÉ DE REIMS, POUR CONNAITRE ET INFORMER AU SUJET DE L'ARRANGEMENT INTERVENU ENTRE ANDRÉ DE LA PLACE ET L'ÉGLISE DE SAINT-MICHEL.

1247. — Maitre J... de Blois, chanoine, et G... de Manesis, official de Reims, mandent au doyen d'Aouste de prendre des informations au sujet du procès qui a eu lieu entre l'église de Saint-Michel et André de La Place, et sur l'arrangement intervenu entre eux ; il en rédigera des lettres qui leur seront envoyées closes, afin qu'ils puissent apprécier ce qu'il sera opportun de faire. — De Reims, le jour de Sainte-Catherine 1247.

29. — Page 50

LETTRES DE L'OFFICIALITÉ DE REIMS, SUR LE MÊME SUJET

1247. — Maître Jean de Blois et Gérard de Manesis reconnaissent que les choses se sont passées entre l'église de Saint-Michel et André de La Place telles qu'elles sont rapportées dans les lettres certifiées, adressées par le doyen d'Aouste à l'officialité de Reims et par le doyen de Leuze à celle de Laon. — (Sans date, mais appartenant à la même date que la précédente.)

30. — Page 51

JUGEMENT RENDU PAR NICOLAS DE RUMIGNY ENTRE COLIN DE LA PLACE ET L'ÉGLISE DE SAINT-MICHEL

1251. — Nous, N... de Rumigny, faisons connaître à tous qu'une discorde s'étant élevée entre l'église et le couvent de Saint-Michel, d'une part, et Colin de La Place et ses héritiers, d'autre part, les deux parties se plaignant réciproquement de graves dommages et préjudices, et aussi entre l'abbé et les moines et Gobert, fils d'Egidius, seigneur avoué de Saint-Michel, accusé par eux d'avoir fait sortir violemment et frauduleusement Colin de La Place de leurs prisons, les dites parties s'étant enfin résolues à accepter notre arbitrage, il a été convenu que Vincent, par la grâce de Dieu abbé de Saint-Michel, Laurent dit *Coulons*, Jean dit *le tavernier*, André moine et Baudouin curé de Sissonnes, pour eux et leur église ; Gobert, fils d'Egidius, pour lui-même; Colin de La Place, Thomas de Signy, époux de Marie, sa sœur, et Colin de Any, fils de Lambert autrefois frère dudit Colin, pour eux et leurs héritiers, s'engageraient par un serment solennel à accepter et à observer à perpétuité le jugement qui sera prononcé. En conséquence, après avoir entendu les parties, nous être enquis avec soin de tous les faits de la cause et pris l'avis des hommes de bien (*bonorum virorum consilio*), nous avons décidé que la paix serait accordée, bonne, ferme, stable, et devra durer toujours sur toutes les choses qui ont été faites jusqu'à présent par lesdites parties et par ceux qui leur sont venus en aide, à la condition néanmoins que Colin de La Place, d'ici à la fête de Saint-Remy prochainement venant, entrera dans l'ordre des hospitaliers de Jérusalem, ou milice du Temple ; qu'il y restera tant qu'il vivra, et que Gobert devra le pourvoir de 10 livres parisis, d'un cheval, d'une armure, de chausses ferrées et d'un manteau, choses qui lui sont nécessaires pour entrer en religion.

Si par hasard le dit Colin n'entrait pas en religion dans le délai déterminé, si par lui ou par tout autre il inquiétait de nouveau l'église de Saint-Michel au sujet des choses qui se sont passées jusqu'à présent, le sieur Gobert sera selon la volonté de l'abbé passible d'une amende de cent livres qu'il devra solder immédiatement et les dits Colin de La Place, Thomas, mari de sa sœur, Colin d'Any, fils de Lambert, autrefois frère dudit Colin de La Place, seront considérés comme larrons et voleurs et poursuivis et arrêtés en tous lieux par la justice laïque ou ecclésiastique, ce à quoi le dit Robert sera forcé de prêter la main. — De toutes ces querelles et discordes qui se sont produites et ont été apaisées entre les parents, antécesseurs, successeurs et complices de Colin de La Place et l'église de Saint-Michel, il sera dressé acte détaillé, article par article, attendu qu'il n'est pas dans notre intention qu'il y soit dérogé de quelque manière que ce soit. Les parties présentes, c'est-à-dire Vincent, abbé de Saint-Michel, Jean, Laurent, André et Bauduin, moines et curé du même monastère pour eux et leur église ; Gobert fils d'Egidius, Colin de La Place, Thomas son beau-frère, Colin de Any son neveu, ont déclaré approuver les choses que dessus et se sont obligés unanimement à les tenir et à les observer sous les peines exprimées plus haut. — Fait à Glant, près de Signy, l'an du Seigneur 1251, au mois d'août.

31. — Page 54

LETTRES PAROISSIALES DE L'ÉGLISE DE SAINT-MICHEL

1252. — Charte de Itier, évêque de Laon, datée de *Pooilliacum* (Pouilly), la veille de la fête de saint Thomas, par laquelle il approuve les conventions faites entre l'abbaye de Saint-Michel et Milon, curé de la paroisse du même lieu, au sujet des dîmes que le curé prétendait avoir le droit de prélever, ce que l'abbaye lui contestait ; il voulait, par exemple, prendre la dîme sur les terres et les prés acquis par les religieux dans l'étendue de la paroisse, avoir le tiers des menues dîmes sur les cours de Blicy, des Watines et de Neuvecour, et sur les quartiers de Saint-Nicaise et de Saint-Pierre de Bucilly, toutes les fois que les terres étaient détenues par des personnes laïques, parce qu'elles étaient situées dans les limites de sa paroisse ; il réclamait aussi les novales (1) sur tout le territoire. Le curé se plaignait également du grand tort que lui causaient les religieux en l'empêchant de célébrer les offices et de chanter les heures canoniques, les jours de Saint-Nicolas, de Sainte-Catherine, de Noël, de la Purification de la Vierge, du dimanche des Rameaux et du Vendredi-Saint ; — il ajoutait que pendant ce dernier jour, on l'empêchait d'exposer la sainte croix à la vénération des fidèles, comme on a l'habitude de le faire dans toutes les églises paroissiales. — Les religieux et le curé n'ayant pu s'entendre, s'en rapportèrent à la décision de maître Clément, chanoine de la cathédrale de Laon, et s'engagèrent à se soumettre à son jugement sous peine de cent livres parisis d'amende. Maître Clément, avec l'autorisation et en présence de l'évêque, et avec le conseil des bons (*consilio bonorum*), ordonna ce qui suit : L'abbé et le couvent de Saint-Michel auront toutes les dîmes tant grosses que menues et les novales tant présentes que futures, sur toute l'étendue de la paroisse ; ils en jouiront intégralement perpétuellement et sans trouble. Le curé sera tenu de célébrer la messe au peuple et il administrera les sacrements de l'église à tous les habitants demeurant dans la ville de Saint-Michel et de Rochefort, aux familiers de l'abbaye et à tous ceux qui demeurent dans les fermes de Blicy, dans le lieu dit la Wastine, situé contre *la haye de Liomont* ; dans la ferme de Neuvecour, située près de Blicy, dans les quartiers de Saint-Nicaise et de Saint-Pierre de Bucilly, enfin dans tous les lieux renfermés dans les limites de la paroisse ; il n'y aura d'exception que pour les religieux et les convers. Il aura intégralement toutes les offrandes et tous les droits dus pour la célébration des mariages et la sépulture des morts, sans que les moines puissent rien réclamer de ce qui leur était dû autrefois sur ces choses ; il célébrera la messe au peuple dans son église paroissiale (2) aux fêtes de

(1) Dîmes établies sur les terres nouvellement défrichées. Aujourd'hui, dans certains cantons, les terres en jachère sont encore nommées novales.

(2) L'Église paroissiale était alors confondue avec l'église des moines, ainsi que la charte l'indique elle-même un peu plus loin.

Saint-Nicolas et de Sainte-Catherine ; il dira les deux premières messes le jour de Noël, et il aura toutes les offrandes que les moines avaient coutume de recevoir quand ils disaient eux-mêmes les messes au peuple. En compensation le curé sera tenu de rendre chaque année au couvent de Saint-Michel dix sous parisis à la Saint-Nicolas d'hiver. Le jour de la fête de la Purification, le dimanche des Rameaux et le jour du Vendredi-Saint le curé ne pourra célébrer les saints mystères dans son église paroissiale, ni chanter les heures canoniales la veille desdites fêtes. Les offices et les prières canoniales seront ces jours-là dites et chantées au peuple par les religieux dans leur propre église, et ils auront le droit de recevoir intégralement des offrandes pendant ces jours de fête. — On n'exposera pas la sainte croix dans le monastère le jour du Vendredi-Saint, mais le curé aura le droit de l'exposer dans son église à la vénération du peuple et de recevoir les offrandes. — L'abbé et le couvent seront tenus de laisser l'entrée de l'église libre pour le curé et ses clercs afin que ceux-ci puissent sonner les cloches quand il voudra dire la messe ou dans toutes les autres circonstances dans lesquelles on a l'habitude de sonner, *et cela tant que l'église paroissiale sera dans l'église des moines.* — Le curé aura encore les portes libres pour aller chercher le missel et l'huile pour les infirmes. — Si quand le curé ira oindre les infirmes, les moines veulent le suivre, ils le pourront, et s'ils sont présents à l'onction de quelque malade, ils auront deux parts de ce qui est dû pour cette onction, le curé aura la troisième. — Si les religieux n'ont pas voulu accompagner le curé, ils n'auront rien. — Le curé ne devra aucune dîme pour les animaux et les oiseaux qu'il aura chez lui, s'ils lui sont propres. — Le dit curé jouira paisiblement des terres et prés qu'il possède depuis plus de quarante ans, sauf le cens, la dîme, le terrage et autres droits dus au monastère ; il sera obligé de se défaire *(ponere extra manum suam)* dans le délai d'un an de toutes celles qu'il possède depuis moins de quarante ans et il ne pourra à l'avenir acheter aucune propriété.... sans le consentement de l'abbé et du couvent.

En compensation, le dit abbé et le dit couvent devront donner chaque année au curé maintenant en exercice et à ceux qui lui succèderont trente-quatre livres parisis aux termes ci-après indiqués, savoir : quatre livres le lendemain de la Nativité de saint Jean-Baptiste, dix livres le jour de la fête de saint Remy en octobre, dix livres après la Circoncision de Notre-Seigneur et les dix livres restant après Pâques fleuries. Ils seront tenus en même temps de donner chaque année au dit curé 60 chapons après la Circoncision ; ils lui fourniront aussi chaque année 500 gerbes de récoltes, savoir : 100 gerbes d'hivernages (*de hibernagio*) et 400 gerbes d'avoine....... Fait à Pouilly (*apud Poolliacum*), l'an de N.-S. 1252, la veille de la fête de saint Thomas.

32. — Page 60

COMMENT SAINT-MARTIN DE LAON DOIT UN MUY DE FROMENT A SAINT-MICHEL

1358. — Charte en langue vulgaire par laquelle Jean, abbé de Saint-Martin de Laon, reconnaît devoir « aas religieux de Saint-Michel-en-Thiéreiche un muy de froment à deux deniers, pris dou milleur, de rente annuelle et perpétuelle à peine sur sa maison et dépendance de Estrépoit, et à livrer à la Croix-en-Vaulx, le lendemain de la Saint-Andrieu. — Fait le lendemain de la feste de saint Barnabeit, appostole, l'an 1358. »

33. — Page 61

DE LA DIME DES TERRITOIRES DE LA HÉRIE, D'ANGOZIIS ET DE LENTY

(...) *Ibbertus* (Wibert), abbé de Bucilly, déclare que par convention expresse faite entre les deux abbayes, Bucilly ne doit à l'église de Saint-Michel pour les dîmes et tout ce qui lui appartient sur les territoires de La Hérie, d'Angozie et de Lenty, qu'un trécens annuel payable au jour de la Saint-André et consistant en un demi-muid de froment, du meilleur après celui de semence, à la mesure de Bucilly. — (Cette charte sans date doit être placée entre les années 1210 et 1220.)

34. — Page 62

DIVISION DU TERRITOIRE DE BLICY ENTRE SAINT-MICHEL ET BUCILLY

1192. — A la suite de discussions survenues entre les églises de Saint-Michel et de Bucilly au sujet du territoire de Blicy, Jean, doyen de Marle, et Hugues, curé d'Etréaupont, sont choisis pour arbitres avec l'approbation de l'évêque ; les parties s'engagent à accepter leur décision sous peine d'une amende de 100 livres de bonne monnaie pour celle qui s'y refuserait.

Les experts après une enquête sérieuse et après avoir consulté des hommes prudents (*consilio prudentum virorum*) rendent le jugement suivant : Chaque monastère aura sur le territoire de Blicy son domaine (*demenia*) propre, en prés et terres cultivées, mais la part de Saint-Michel sera des deux-tiers et celle de Bucilly d'un tiers, ni plus ni moins ; si l'une des deux églises avait plus qu'il n'est indiqué, elle rendra à l'autre deux deniers de cens par chaque faulx de pré qu'elle aura en plus. — Les deux églises jouiront des dîmes de la manière dont elles en jouissent aujourd'hui. Les travailleurs sur le territoire de Blicy devront demeurer sur les terres qu'ils cultivent. A l'égard des bois, cens et autres revenus restés indivis entre les deux églises, Saint-Michel en aura deux parts et Bucilly une. — Fait l'an 1192.

35. — Page 64

DU TERRITOIRE DE BLICY

1192. — Les mêmes experts que dans l'acte précédent, requis de nouveau à l'occasion des prétentions des religieux de Bucilly sur une certaine terre qui leur appartenait et qui était tenue depuis très-longtemps par Saint-Michel, moyennant un trécens d'un muid de *brais* (1), règlent les choses en faveur de Saint-Michel, après avoir consulté les habitants et particulièrement Gérard, surnommé Leroy, déjà fort âgé et mort depuis. — Fait l'an 1192.

36. — Page 65

DES DROITS DE PATRONAGE DUS PAR LES HABITANS DE PERUERTZ, APPARTENANT A L'ÉGLISE DE WIMY

1193. — G..., doyen, et G..., chanoine de l'église de Reims, sont appelés à intervenir dans un dissentiment élevé entre Saint-Michel et Bucilly à l'occasion des droits de patronage dus par les habitans de Peruertz. Après de longues informations (*post longam ventilationem*) devant l'officialité de Reims, audition des témoins et enquêtes rigoureuses, les deux experts décident que ces droits appartiendront à Saint-Michel quoique la seigneurie du lieu soit en la possession de Bucilly. Quant à la cure, elle restera

---

(1) Orge pour la bière.

dans les mains du curé de Wimy, attendu que l'abbaye a prouvé par titres qu'elle était en sa possession depuis très-longtemps. — Fait l'an de N.-S. 1193.

37. — Page 66

ACCORD AU SUJET DU DOMAINE DE BLICY, CHOIX D'EXPERTS

(....) — G..., abbé de Bucilly, déclare que pour mettre fin au désaccord qui existe entre son monastère et celui de Saint-Michel au sujet du partage du domaine de Blicy, lui et sa maison ont désigné huit personnes (1) : Hugues, Robert, Alard, Richard, Arnould, Haimard et Wautier, qui après avoir prêté serment opéreront la division de la propriété. L'abbé et le couvent s'en rapporteront à leur décision. — (Sans date.)

38. — Page 66

ARBITRES CHOISIS POUR L'ARRANGEMENT ENTRE SAINT-MICHEL ET BUCILLY AU SUJET DES DIMES DU QUARTIER DE SAINT-NICAISE ET DU DISTRICT WILLAUME BONESUER.

1225. — Arnould, abbé de Bucilly et son couvent, font savoir que d'un commun accord avec l'abbé et le couvent de Saint-Michel, ils ont désigné les vénérables hommes Jacob de Dinant, chanoine de Laon, Thomas, curé de Sissonnes, et Jean, chapelain de Martigny, pour décider à laquelle des deux églises appartiendront les novales du quartier de Saint-Nicaise et les dîmes du district de Willaume Bonesuer et du quartier de la Nouvelle-Cour de Blicy (*Neuvecour*), qui est du fonds de Bucilly. Les arbitres prêteront serment, l'enquête se fera sur les pièces produites par les deux abbayes et par l'audition de vingt témoins, dix pour chaque maison. Les parties s'engagent à observer inviolablement la décision qui sera rendue, sous peine d'une amende de cent livres parisis. — Fait l'an 1225, au mois de mars.

(1) Le texte latin porte bien huit hommes (*octo viros*), mais l'acte n'en désigne que sept.

39. — Page 69

JUGEMENT RENDU PAR JACOB DE DINANT SUR LES NOVALES DE SAINT-NICAISE, LES DIMES DE LA NOUVELLE COUR DE BLICY ET DU DISTRICT DE WILLAUME BONESUER.

1226. — Jacob de Dinant, chanoine de la cathédrale de Laon, autorisé par l'évêque, rend le jugement suivant : L'abbaye de Saint-Michel et celle de Bucilly partageront par parties égales les dîmes des novales du quartier de Saint-Nicaise, sauf la poursuite de celle dont les habitants cultivent les terres (*salva prosecutione illius cujus parrochiani terram excolent*). Les dîmes du quartier de la Nouvelle-Cour de Blicy, sauf aussi la poursuite de ceux qui cultivent les terres, appartiendront à Bucilly, ainsi que les dîmes du canton de Willaume Bonesuer. Le dit Willaume Bonesuer, sa famille et ceux qui dans l'avenir habiteront sa maison, devront aller à l'église de Bucilly le jour de Noël, à l'Ascension, à la Pentecôte, à la Nativité de saint Pierre et à la Toussaint, parce que le fonds sur lequel ils sont établis appartient à la dite église. Les autres jours de l'année ils fréquenteront l'église de Saint-Michel qui est plus à leur proximité et y acquitteront les droits de paroisse. — Fait l'an 1226, au mois de juin.

40. — Page 70

ARRANGEMENT ENTRE L'ÉGLISE DE BUCILLY ET CELLE DE SAINT-MICHEL AU SUJET DE DIVERSES PROPRIÉTÉS, CENS, DIMES, ETC.

1239. — *Pontius*, abbé de Bucilly, et l'abbé et le couvent de Saint-Michel déclarent qu'après diverses et nombreuses difficultés (*post multas et diversas altercationes*) survenues entre les deux maisons au sujet de leurs propriétés, des dîmes, revenus et autres choses, ils ont décidé qu'ils s'en rapporteraient à l'arbitrage d'hommes de bons conseils. Ils choisissent frère Raoul, moine de Bucilly, et maître Laurent dit *Coulon*, moine de Saint-Michel; tous les deux se rendront à Laon près de maître Milon de Vaux (*de Vallibus*), chanoine de la cathédrale, et le prieront de vouloir bien prêter son concours dans cette circonstance ; s'il refuse ils s'adresseront à un autre, puis à un troisième. En cas de nouveau refus, il s'adresseront à l'évêque du diocèse ou à l'officialité afin d'avoir un tiers-expert. Ce choix devra être fait dans le délai de quinze jours après la Décollation de saint Jean-Baptiste. Toutes les pièces du procès seront remises aux arbitres, qui règleront les choses à l'amiable entre les parties, si cela est possible ; dans le cas contraire ils procèderont judiciairement et ne pourront entendre plus de quarante témoins, vingt par chaque partie. Le jugement devra être rendu avant la fin des fêtes de Pâques, à moins que le terme n'en soit reculé par les parties elles-mêmes. — Fait l'an 1239, le dimanche avant la Décollation de saint Jean-Baptiste.

41. — Page 72

REMPLACEMENT DU FRÈRE RAOUL PAR JEAN, PRÉVOT DE BUCILLY, COMME ARBITRE

1240. — Les abbés de Saint-Michel et de Bucilly déclarent que dans l'affaire soumise au jugement de Milon de Vaux, l'un des experts, Raoul, autrefois moine de Bucilly (*quondam canonicum Buciliensem*), sera remplacé par Jean, chanoine et prévôt de la même église. — L'an 1240, au mois d'avril.

42. — Page 73

SENTENCE RENDUE PAR MAITRE MILON DE VAUX ET SES COLLÈGUES, SUR DIVERS ARTICLES AU SUJET DESQUELS IL Y AVAIT CONTESTATION ENTRE BUCILLY ET SAINT-MICHEL.

1240. — Nous disons et ordonnons que l'abbaye de Saint-Michel percevra le droit de paroisse sur le canton de Saint-Pierre de Bucilly, et que les cultivateurs qui habiteront ledit canton et travailleront les terres sur Saint-Michel et sur Rochefort paieront, pour droits de paroisse, trois poules à l'église de Saint-Michel et une à l'église de Bucilly pour le bien de la paix (*pro bono pacis*). Il en sera de même pour les menues dîmes du dit canton : Saint-Michel en aura trois parts et Bucilly une. Nous disons et ordonnons que tant que l'église de Bucilly possédera les terres dudit canton, qu'elle les cultivera elle-même, ou qu'elle les fera cultiver par des fermiers, elle jouira de toute la dîme. Dans le cas où les terres dudit canton seraient travaillées par les charrues de Saint-Michel ou de Rochefort, les dîmes se partageront par moitié entre les deux églises. Il en sera de même des terres que Bucilly a achetées dans ledit quartier, savoir : la pièce de terre sise près de la maison de Willaume Bonesuer et du pré situé au lieudit le pré de Pierre, prévôt de Rochefort. Si l'église de Bucilly venait à acquérir d'autres terres dans le même quartier, la dîme appartiendra à Saint-Michel. En ce qui concerne les terres de Saint-Michel et de Rochefort situées dans ledit canton de Saint-Pierre, cultivées par leurs charrues, Saint-Michel et Bucilly se partageront les dîmes par moitié. Nous disons et ordonnons que les dîmes des terres de la Nouvelle-Cour de Blicy (*Neuvecour*) situées dans ledit quartier appartiendront à l'église de Bucilly, soit qu'elle cultive les terres par elle-même, soit qu'elle les loue à des fermiers. Elle aura aussi la dîme entière des animaux appartenant au fermier demeurant dans ladite cour. Si ces animaux ne sont ni le propre de l'église ni celui du fermier, trois parties de la menue dîme appartiendront à Saint-Michel pour droit de paroisse et une à Bucilly pour le bien de la paix. Nous disons et ordonnons que la famille séculière demeurant dans la cour en question aura ses propres prêtres pour l'administration des sacrements en temps opportun, auxquels elle paiera le droit de paroisse. Si l'église de Bucilly venait à se défaire de ladite cour, ou si ladite cour devenait un village ou une partie du village, les grosses dîmes seraient partagées par moitié entre Saint-Michel et Bucilly. Les droits de paroisse appartiendraient à Saint-Michel, qui aurait aussi deux tiers des menues dîmes ; Bucilly n'en aurait qu'un tiers.

Nous disons et ordonnons que pour le quartier de Saint-Nicaise, le droit de paroisse appartiendra à l'église de Blicy qui est du domaine de Saint-Michel ; s'il arrivait que les terres du même quartier soient cultivées par leurs paroissiens, et tant que Gontier de Wastine ou autres dans la suite demeureront audit quartier de Saint-Nicaise, ils seront considérés comme paroissiens de l'église de Blicy. En ce qui concerne les novales, c'est-à-dire les terres que noble homme Nicolas, seigneur de Rumigny, a données à Hugues de Wastine, chevalier, et qui comprennent environ vingt et un muids (*modietas*) en terres, prés et bois, Saint-Michel aura le droit de paroisse et la moitié des dîmes, l'autre moitié appartiendra à Bucilly, soit que les terres soient travaillées par les charrues de Saint-Michel, de Rochefort, de Martigny ou de Bucilly.

Si les terres étaient cultivées par d'autres charrues que celles indiquées ci-dessus, la moitié de la dîme suivra les cultivateurs et l'autre moitié sera partagée entre Bucilly et Saint-Michel : il en sera de même pour les bois dans le cas où ils viendraient à être convertis en terres labourables. La menue dîme, tant de Gontier que de ceux qui viendront habiter le même quartier, appartiendra tout entière à l'église de Blicy. Quant aux onze deniers de cens que prétend l'église de Bucilly, nous les lui accordons ; ils seront payés à Saint-Michel, au jour et au lieu où les cens ont coutume d'être payés. — Fait en 1240, la veille des apôtres saint Pierre et saint Paul.

43. — Page 73

ARRANGEMENT ENTRE BUCILLY ET SAINT-MICHEL AU SUJET DES DIMES A PERCEVOIR PAR LES DEUX MONASTÈRES SUR DIVERS TERRITOIRES

1240. — Jean, chanoine de Bucilly, et Laurent dit *Coulon*, religieux de Saint-Michel, assistés de M⁰ Milon de Vaux, chanoine de Laon, choisis pour mettre fin à des discussions qui se renouvelaient fréquemment entre les deux maisons, règlent la manière dont seront perçues les dîmes sur diverses parties des territoires de Mondrepuis, d'Hirson, de Neuve-Maison, de Buire, du Routiz et de Peruertz. Il y est fait mention de la léproserie d'Hirson, qui appartient à l'église de Saint-Michel à cause de la longue prescription du temps. — Fait l'an 1240, au mois d'avril.

44. — Page

SAINT-MICHEL EST AUTORISÉ A ACQUÉRIR DEUX MUIDS DE TERRES LABOURABLES SUR LE TRÉFONDS DE BUCILLY, A HIRSON

1246. — Bliard, abbé de Bucilly, déclare qu'il a autorisé le couvent de Saint-Michel à acheter deux muids de terres labourables sur le tréfonds de Bucilly, à Hirson, à la condition que ces terres seront soumises à toutes les charges dues par les propriétaires ou fermiers. — L'an 1246, au mois de janvier.

45. — Page 83

COMMENT LES YVES DE SAINT-MICHEL NE PEUVENT PASTURER ÈS-BOS DE FOISNY SANS PRÉSENCE DE GARDE

1352. — Charte en langue vulgaire, par laquelle Jean Ferecos, bailly de la terre de Guise, fait savoir que le mercredi vingt-troisième jour du mois de janvier, l'an mil trois cent cinquante-deux, en jour d'assises lors tenues par lui à Guise, se comparurent par-devant lui en jugement, en la présence des francs hommes lors présens et jugans ès dictes assises, Willemes Froumens, procureur de religieuses personne et honestes l'abbet et le couvent de Saint-Michel-en-Téraisse, et don Jehans de Marolles, moine et comme procureur de religieuses personnes et honestes l'abbet et le couvent de Foiny, et nous apportèrent une sédulle la quèle fut levée en jugement dont la teneur s'en suit......................................

Toutes fois et quantes fois que les ywes ou li poustrains ou suiaux (1) de la dite église de Saint-Michel seront trouvés paissant ou pastourant sans garde ès bos de la dite église de Foisny, les dites bêtes seront à telle amende que on a acoustumé prendre ou pays en cas pareil.... Les religieux de Saint-Michel seront tenus à ordener et establir garde pour leurs dites bêtes garder..........

Lequel accord et toutes les choses dessus dites, chacune dicelles ils ont recongnut, volu et accordé par et ou nom des dictes églises.

46. — Page 86

PARTIE DU MOULIN D'ARDON DONNÉE EN AUMÔNE A L'ABBAYE DE SAINT-MICHEL

(....) — Guillaume, abbé de Saint-Michel, et son chapitre déclarent que Walbert de la Place (de Foro) et Hersinde sa femme ont donné en aumône au couvent de Saint-Michel la neuvième partie qu'ils possédaient du moulin d'Ardon, avec les cens, chapons et autres revenus afférents à cette neuvième partie, à condition que les religieux serviraient à la dite Hersinde, tant qu'elle vivrait, un demi-muid de froment, du meilleur à deux deniers près. Cette donation faite du vivant de Walbert a été approuvée par sa femme en présence de l'abbé de Saint-Michel. — (Sans date.)

(1) Juments, poulains et suivants.

47. — Page 87

SAINT-MICHEL ABANDONNE A L'ABBAYE DE SAINT-VINCENT DE LAON
SA PART DU MOULIN D'ARDON

1176. — Charte de Hugues, abbé de Saint-Vincent de Laon, faisant connaître qu'il a libéré pour toujours l'abbaye de Saint-Michel de la somme de quatre sols de bonne monnaie qu'elle lui devait chaque année à l'occasion de l'autel d'Aubenton, et que l'église de Saint-Michel lui a abandonné en échange la neuvième partie du moulin d'Ardon qu'elle tenait de la libéralité de Walbert de la place (*de Foro*) et d'Hersinde sa femme. — Fait l'an de l'Incarnation 1176.

48. — Page 88

ARRANGEMENT CONCLU A L'OCCASION DE L'ÉGLISE DE LEUZE ENTRE
SAINT-MICHEL ET LE MONASTÈRE DE SAINTE-MARIE DE TRÊVES

1194. — Roger, évêque de Laon, G..., doyen, et maître Gobert, chanoine, sont chargés par le pape Célestin de terminer les discussions qui durent depuis très-longtemps entre l'abbaye de Saint-Michel et les religieuses du monastère de Sainte-Marie de Trêves, à l'occasion de l'autel de Leuze. Ils décident que le droit de patronage appartiendra à perpétuité à l'abbaye de Saint-Michel, ainsi que les offrandes et tous les revenus de l'autel ; mais qu'elle rendra chaque année, à la Saint-Remy, aux religieuses de Sainte-Marie, cinq sols de bonne monnaie, ou seulement de monnaie de Laon valant cinq sols de bonne monnaie. Quant aux dîmes, elle se partageront également entre les deux maisons. — Fait l'an 1194.

49. — Page 89

L'ABBESSE DE SAINTE-MARIE DE TRÊVES APPROUVE LA CONVENTION
PRÉCÉDENTE

1194. — A...., abbesse du couvent de Sainte-Marie de Trêves, loue et approuve l'arrangement précédent, en ajoutant que les cinq sols de bonne monnaie devront lui être soldés à Any, chez son fondé de pouvoir. — Fait en 1194.

50. — Page 90

ARRANGEMENT CONCLU ENTRE NICOLAS DE RUMIGNY ET L'ABBAYE DE SAINT-MICHEL, AU SUJET DES DIMES DE LEUZE ET D'AUBENTON

(....) — Nicolas, seigneur de Rumigny, fait connaître qu'à la suite de discussions avec Saint-Michel, il a, avec le concours de Gombert, moine du dit couvent, Gervais et Joscione, prêtres, Francone et Nicholas, chevaliers, et Robert son maire (*prepositus*), arrangé les choses en cette forme de paix et de concorde. Le couvent de Saint-Michel m'abandonne ainsi qu'à mes héritiers tout ce qu'il possédait sur le fonds de *Lehaie* et ses dépendances, savoir *Merouzies* et *Bougimont*, ne se réservant que les dîmes, tant grosses que menues, et l'autel. Dans le cas où il arriverait qu'un village fut construit sur le dit fonds, je lui ai concédé de mon côté toute la part que j'avais sur les grosses et menues dîmes d'Aubenton et de Leuze, même la part qui m'avait été donnée par les religieuses de Sainte-Marie de Trêves ; je lui ai donné en outre deux terres au-delà de la rivière d'Any pour la culture de leur ferme de Blicy, toutes deux exemptes du droit de terrage (1) et de tout impôt, sauf le droit d'avoué. — (Sans date.)

51. — Page 91

DES TERRITOIRES D'AUGES, DE TARCY ET DE FLIGNY, CÉDÉS A WAUCHER, SEIGNEUR DE RUMIGNY

1240. — Waucher de Rumigny fait savoir à tous par cet écrit que l'abbé et le couvent de Saint-Michel lui ont abandonné, sa vie durant, tout ce qu'ils possédaient sur les territoires d'Auges, de Tarzy et de Fligny. Après sa mort ces biens retourneront aux religieux de Saint-Michel. — L'an de grâce 1240, au mois d'avril.

52. — Page 92

DE LA DIME DE BUIREFONTAINE DONNÉE A L'ABBAYE DE BUCILLY

1235. — Charte de Nicolas de Rumigny par laquelle il déclare que

---

(1) Droit de terrage ou champart, nommé ainsi (*quasi pars campi*) parce qu'il est une portion des fruits de la terre sous cette charge. Le terrage se percevait avant l'enlèvement des grains et après la perception de la dîme.

Arnould de Beaumé, Ade, sa femme, et ses héritiers ont, en sa présence, transféré aux religieux de Bucilly la part des dîmes de Buirefontaine qu'ils tenaient de lui en fief. Dans cette part, une portion est donnée en aumône, une autre est vendue à prix d'argent.

Nicolas de Rumigny approuve cet acte au mois d'avril 1235.

53. — Page 94

VENTE DE LA DIME DE BUIREFONTAINE PAR BUCILLY A SAINT-MICHEL

1236. — Ponchard, abbé de Bucilly, et tout le couvent du lieu, déclarent que d'un commun accord ils ont abandonné aux religieux de Saint-Michel tous les droits qu'ils pouvaient avoir sur les grosses et menues dîmes de Buirefontaine, qu'ils avaient achetées d'Arnould de Beaumé et de sa femme. Cette vente a été faite moyennant la somme de 70 livres parisis, avec l'assentiment de Nicolas de Rumigny de qui provenait la dîme. — L'an 1236, au mois de juin.

54. — Page 95

CONFIRMATION A SAINT-MICHEL DE LA DIME DE BUIREFONTAINE PAR L'ÉVÊQUE DE LAON

1236. — Anselme, évêque de Laon, confirme à l'église de Saint-Michel la possession des dîmes de Buirefontaine provenant de l'église de Bucilly. — L'an 1236.

55. — Page 96

DE TROIS MUIDS D'AVEINE DUS PAR LE SEIGNEUR DE ROZOY

1345. — A la suite d'un plaid et procès meus et pendant ès assises de Laon, entre lui et l'abbaye de Saint-Michel, Gaucher de Châtillon, sire de Rozoy, reconnaît qu'il doit à la dite abbaye une rente annuelle et perpétuelle de trois muis d'aveine à prendre sur les revenus de la ville de Rovroy (1). Cette rente provient d'une donation faite à l'abbaye, au mois de mars 1229, par Roger de Rozoy, chevalier, seigneur de Chaumont. — Fait le premier jour d'octobre 1345.

(1) Rouvroy, canton de Rozoy-sur-Serre.

56. — Page 98

COMMENT LE SEIGNEUR D'ESTRÉES N'A AUCUN DROIT SUR LA MAISON DES RELIGIEUX

1343. — A tous ceuls qui ces présentes lettres verront et orront, je Jehans li Borgnes, sires de Cramailles, chevalier, salut. Come débas et descors fust esperes à mouvoir entre mi d'une part et religieuses personnes et honestes l'abbé et le couvent de Saint-Michel en Thirasche d'autre part pour cause de un pain pris par mon maieur d'Estrées (1), en justisant et fus la dicte prise faite en la maison des dis religieux à Estrées, pour laquelle prise iceulx religieux s'estoient dolut en cas de nouvelleté, par devers les gens du roy, et je et les dis religieux desus dis pour bien de pais et pour amour norrir avons volu et accordé, volons et accordons que la dicte prinse et exploit du dit pain soit mis en nient et tenu pour non fait tout ainsi comme se oncques n'eust esté fait ni advenu et que je et iceuls religieux ne nous en puissions aider ou temps présent et advenir en saisine ny en propriété. Promettans sur l'obligation de tous nos biens que contre cest présent acors je ne yray ni aler feray ou temps présent ni advenir par my ne par autrui. En témoignage de ce, jay ces présentes lettres scellées de mon scel. Ce fut fait le samedi après la Toussains, l'an de grâce mil trois cens quarante-trois.

57. — Page 98

LES RELIGIEUX DE SAINT-MICHEL NE DOIVENT PAS LE DROIT DE VINAGE SUR LE TERRITOIRE DE JANTES

1351. — Gilbert, chevalier, sire d'Abecorde, de Quasebec et de Montcornet, déclare que ses gens ayant voulu faire payer aux religieux de Saint-Michel les droits de vinage, sur Jeantes, à cause de ses seigneuries de Montcornet et de Bancigny, ceux-ci prétendirent qu'ils avaient le droit de passer franchement et se plaignirent devant les gens du roi comme

(1) Etréaupont. — Saint-Michel possédait dans ce village un domaine considérable; il y avait aussi son maire particulier, que nous trouverons dans la suite souvent en lutte avec celui du seigneur.

d'un cas de nouvelleté ; il ajoute que pour le bien de paix et pour amour nourrir, il a voulu que la poursuite commencée fût mise à néant et a promis sur l'obligation de tous ses biens que les religieux seraient entièrement libres pour l'avenir. — Fait le vingt et unième janvier 1351.

58. — Page 100

DONATION FAITE PAR HERBERT, SEIGNEUR DE JEANTES, DE TOUTE LA TERRE SITUÉE ENTRE LA GENTÈLE ET LE GRAND-RUISSEAU

1131. — Au nom du Père, du Fils et du Saint-Esprit, Barthelemy, ministre indigne de la sainte église de Laon, considérant que la munificence épiscopale doit corroborer les bienfaits des fidèles envers les églises, dans la crainte que le temps ne les fasse oublier, fait connaître par ces présentes lettres que Herbert, seigneur de Jantes, a donné en aumône à l'église de Saint-Michel-en-Terrasse une certaine terre située entre le ruisseau de Jantes et le grand ruisseau qu'on appelle *Mahérie*, avec tous les droits qui en dépendent, sauf les produits de la chasse. Il a fait cette donation avec le consentement de Renier son frère et de sa sœur Marsilie, femme d'Amisart Wastin, et de leurs enfants, et aussi avec l'assentiment et l'approbation de Robert, seigneur de Montaigu. — Fait à Laon en l'année de l'Incarnation 1131.

59. — Page 102

DU BOIS DE GENTÈLE ET DE QUELQUES AUTRES

1193. — Une commission composée de Jean, doyen de Marle, et de Jean, doyen de *Vuino*, est désignée avec l'approbation de Roger, évêque de Laon, pour mettre un terme aux discussions survenues entre Saint-Michel et Gilbert de Jantes, au sujet des bois de *Gentèle*; Arnould de Bray, chanoine de Rozoy et neveu de Gilbert, est choisi comme tiers-expert, et les parties promettent de se soumettre à la décision de la commission, sous peine d'une amende de cent livres, monnaie de Laon. Au jour fixé pour le réglement de l'affaire les parties se réunissent sur les lieux, mais Gilbert de Jantes en demande l'ajournement à quinzaine ; au bout de quinze jours, nouvelle demande d'ajournement de sa part. L'abbé et les religieux de

Saint-Michel, mécontents de ce retard qui leur cause préjudice, assignent Gilbert à jour fixe ; celui-ci ne s'étant pas présenté ni personne pour lui, les commissaires mettent Saint-Michel en possession des propriétés contestées. Ces choses sont déclarées par l'évêque de Laon, au mois de juillet 1194.

60. — Page 103

JUGEMENT RENDU AU SUJET DES BOIS ET DES TERRES DE LA COUR DE JANTES

1194. — Jean, doyen de Marle, et Jean, doyen de *Vuino*, arbitres désignés pour mener à terme les désaccords qui existaient entre l'abbaye de Saint-Michel et Gilbert, seigneur de Jantes, et Marie sa femme, au sujet des terres et des bois de Jantes-la-Cour, se rendent sur les lieux et dirigés par Williaume, abbé de Saint-Michel, et ses religieux, ils parcourent toutes les limites des terres que ceux-ci disent leur appartenir en grande partie et le bois qu'ils déclarent être à eux tout entier, lesquelles propriétés sont comprises entre les limites ci-après : depuis le petit ruisseau (*guttiacus*) qui prend sa source auprès du chemin de Leuze et tombe dans la Gentèle ; depuis le même ruisseau, en droite ligne, jusqu'à un autre qui se jette en *Mahéries* ; et depuis la rivière de Maheries jusqu'au grand ruisseau, tel qu'il coule et tombe dans la Gentèle. Après avoir vu les lieux, écouté les allégations des parties, entendu les témoins, pris connaissance de toutes les pièces qui pouvaient les éclairer et soumis l'enquête à l'avis de l'évêque de Laon et de son conseil, les deux arbitres décident que les terres et les bois objets du litige, tels qu'ils sont délimités, devront être désormais possédés pacifiquement par l'abbaye de Saint-Michel. — Fait l'an 1194.

61. — Page 104

DES BOIS ET DES TERRES DE LA COUR DE JANTES

1197. — Charte de Roger, évêque de Laon, qui nous apprend qu'après la mort de Gilbert de Jantes, Raoul, chevalier, qui avait épousé sa veuve, ne tenant aucun compte du traité qui avait été conclu entre son prédécesseur et l'abbaye de Saint-Michel au sujet des terres et des bois de la cour de Jantes, essaya de troubler les moines dans leur possession. Averti plusieurs fois sans succès d'avoir à cesser ses violences et ses déprédations, il fut frappé des foudres de l'église et se détermina enfin à abandonner ses prétentions en présence de l'évêque, et promit de ne plus les renouveler dans l'avenir. Marie sa femme fit la même promesse entre les mains des doyens de Marle et de Vuino. — Ecrit l'an 1197.

62. — Page 106

NICOLAS DE ROZOY APPROUVE LES DONATIONS FAITES A SAINT-MICHEL PAR ADAM DE JANTES, SON HOMME-LIGE

1220. — Nicolas, frère de Roger, seigneur de Rozoy, fait connaître à tous qu'il loue et approuve l'abandon fait au couvent de Saint-Michel, en présence de l'évêque de Laon, par Adam de Jantes, son homme-lige, de tous les droits qu'il peut avoir sur les terres et bois de la cour de Jantes et ses dépendances. — Fait l'an 1220, au mois de janvier.

63. — Page 107

ADAM DE JANTES ABANDONNE AUX RELIGIEUX DE SAINT-MICHEL TOUS SES DROITS SUR LA COUR DE JANTES

1220. — Charte par laquelle Anselme, évêque de Laon, déclare que Nicolas, frère de Roger, seigneur de Rozoy, a loué et approuvé en sa présence l'abandon fait par Adam de Jantes, son homme-lige, à l'abbaye de Saint-Michel, de tous les droits que ce dernier possédait sur la ferme de Jantes-la-Cour, particulièrement sur les bois et les terres limités par le petit ruisseau qui prend sa source près du chemin de Leuze ; du même ruisseau, en ligne droite, jusqu'à celui qui tombe en Mahéries, et depuis la rivière de Mahéries, jusqu'au grand ruisseau, en suivant ce dernier jusqu'à sa jonction avec la Gentèle. Adam de Jantes s'engage à protéger contre toute violence la cour de Jantes qu'il déclare appartenir aux religieux de Saint-Michel dans toutes ses parties. — Fait en 1220, au mois de janvier.

64. — Page 109

ADAM DE JANTES ABANDONNE A SAINT-MICHEL TOUS LES DROITS QU'IL AVAIT SUR LA COUR DE JANTES ET SUR LE MOULIN

1225. — Charte passée sous l'autorité d'Anselme, évêque de Laon, par laquelle Adam de Jantes déclare abandonner aux religieux de Saint-Michel tous les droits qu'il pouvait avoir sur la cour de Jantes en dîmes, terrage et autres revenus ; il leur remet en même temps les droits qu'il avait sur le moulin du village et leur permet d'acheter et de cultiver dans le village même une demi-charrue de terre, libre de tout droit de terrage. — Fait l'an 1225, au mois de mai.

65. — Page 111

DE LA DIME DE LA COUR DE JANTES

1225. — Maître Jean de Buzancy, chanoine de Meaux, official de Laon, dit qu'un certain Jacob, clerc, ayant donné à l'église de Saint-Michel tout ce qui lui appartenait sur les dîmes tant grosses que menues d'une certaine cour ecclésiastique appartenant aux religieux dudit Saint-Michel, ceux-ci pour ne pas être ingrats, et inspirés par l'amour divin, ont donné audit Jacob trois muids d'avoine. — Fait l'an 1225.

66. — Page 111

DU MOULIN DE JANTES REMIS PAR L'ABBAYE A RAOUL, SEIGNEUR DE JANTES, MOYENNANT CERTAINE REDEVANCE

1205. — Charte par laquelle Raoul, évêque de Laon, déclare qu'en sa présence, Hugues, abbé de Saint-Michel, et son chapitre, ont remis le moulin de Jantes à noble homme Raoul de Jantes et à ses héritiers qui le garderont perpétuellement, la propriété restant néanmoins à l'église de Saint-Michel. Chaque année ledit Raoul ou ses héritiers paieront à l'abbaye, au jour de la Saint-Remy, huit muids de froment mesure de Marle. S'il survenait des difficultés au sujet du prix du blé, on s'en rapportera au prix du blé de dîme. Saint-Michel aura le droit de faire moudre audit moulin en toute franchise les grains nécessaires à sa ferme de Jantes-la-Cour ; lorsqu'on les présentera ils devront être travaillés immédiatement si les trémies sont libres, dans le cas contraire, aussitôt qu'elles seront débarrassées de la farine qu'elles contiennent. Raoul de Jantes ne pourra faire aucune aumône sur le moulin, si ce n'est à l'abbaye ; dans le cas où il voudrait le vendre en totalité ou en partie, elle aura la préférence à prix égal. La redevance de huit muids de froment ne peut se modifier quoi qu'il arrive dans la situation du moulin, soit qu'il prospère, soit qu'il dépérisse. Pour plus grande sûreté, le seigneur de Jantes a livré en gage à l'abbaye une somme de quarante livres laonnoises. — Fait l'an 1205.

67. — Page 113

ARRANGEMENT ENTRE SAINT-MICHEL ET JEAN DE JANTES AU SUJET DU MOULIN ET DE CE QUI EST DU A WAUTIER DE RUMIGNY

1218. — Les conditions singulières de l'acte qui précède ne pouvaient manquer de donner lieu, tôt ou tard, à un procès ; il éclata en 1218. Jean, fils de Raoul de Jantes, contesta aux moines leurs droits sur le moulin, il leur réclama les quarante livres données en garantie par son père, plus cent livres blanches dont il avait lettres de Waultier de Rumigny. Après de longs débats l'affaire fut remise entre les mains de Raoul, abbé d'Allimont, et de Henri, avoué de Vigneux, qui rendirent le jugement suivant : Jean de Jantes abandonnera pour toujours le moulin à l'abbaye et n'empêchera personne d'y venir moudre son grain ; il restituera à l'église de Saint-Michel les lettres de Waultier de Rumigny au sujet des cent livres blanches, et la reconnaîtra entièrement quitte des quarante livres. Il jurera ces choses solennellement dans l'église de Sainte-Marie de Laon et promettra aussi d'imposer silence à son père s'il lui arrivait de vouloir inquiéter les moines ; enfin il présentera son cousin-germain Henri comme garant de l'observation de ses serments. — Fait l'an 1218, au mois d'octobre.

68. — Page 115

L'AVOUÉ DE VIGNEUX SE REND GARANT DE JEAN DE JANTES

1218. — Henri, avoué de Vigneux, déclare qu'il se rend pleige et ôtage pour Jean de Jantes, son cousin-germain, vis-à-vis des religieux de Saint-Michel, à l'occasion de l'arrangement conclu par l'abbé d'Allimont et lui. — Fait l'an 1218, au mois d'octobre.

69. — Page 115

DES AISANCES DU VIVIER DE JANTES ET DE LA RÉPARATION DES DIGUES

1225. — Jean, fils de Raoul de Jantes, reconnaît que l'abbaye de Saint-Michel a le droit d'user de l'eau du vivier de Jantes qui sert à alimenter le moulin, mais que les vannes sont à sa charge et qu'elle a le droit de les lever quand il lui plaira. Jean ou ses héritiers auront de leur côté le droit de rompre la digue quand ils voudront prendre le poisson pour le vendre ; dans ce cas ils seront obligés de la réparer dans le délai de deux mois. Il promet que lui et ses héritiers tiendront à ce que les religieux soient toujours en possession de l'usage dudit vivier, le moulin leur appartenant tout entier. — Acte passé sous l'autorité de maître Jean de Buzancy, official de Laon, au mois d'août 1225.

70. — Page 117

PARTIE DE LA DIME DE JANTES VENDUE A L'ABBAYE DE FOIGNY

1225. — Henri, seigneur de Lislet, déclare qu'il a vendu à l'église de Foigny deux parts des dîmes tant grosses que menues du village de Jantes, qu'il tenait en fief de Jacob de Jantes. Ces deux parts sont destinées à être distribuées en aumône à la porte du monastère (*ad usus pauperum ad portam*). — Fait au mois de mars 1225.

71. — Page 117

VENTE A FOIGNY DE LA DIME DE JANTES, APPROUVÉE PAR L'ÉVÊQUE

1227. — Acte du mois de mars 1227 par lequel Anselme, évêque de Laon, approuve la vente de deux parties de la dîme de Jantes, faite en sa présence à l'abbaye de Foigny par Henri de Lislet et Jacob de Jantes.

72. — Page 118

VENTE DE DEUX PARTIES DE LA DIME DE JANTES FAITE PAR L'ABBAYE
DE FOIGNY A L'ABBAYE DE SAINT-MICHEL

1227. — Acte du mois de janvier 1227, par lequel l'abbé et les religieux de Foigny cèdent à Saint-Michel les deux portions de dîme qu'ils tenaient de Henri de Lislet et de Jacob de Jantes.

73. — Page 119

VENTE DE QUATRE MUIDS DE BLÉ FAITE PAR HERMAN DE VENDRESSE
A L'ABBÉ DE SAINT-MICHEL

1231. — Herman de Vendresse et Emeline sa femme déclarent avoir vendu à l'abbaye de Saint-Michel, au prix de quarante livres parisis, quatre muids de blé à la mesure de Rozoy, à prendre sur les deux parts de dîmes de la ville de Jantes tenues par Herbert dit *Periers*. Cette vente est approuvée par leurs enfants Sibille, Guinet, Allard et Jean. — Fait l'an 1231 au mois de juin.

NOTA. — Nous passons ici six chartes concernant la cession de diverses portions des dîmes sans aucun intérêt pour l'histoire du monastère de Saint-Michel.

74. — Page 128

ARRANGEMENT ENTRE SAINT-MICHEL ET BONNE-ESPÉRANCE AU SUJET
DU TERRITOIRE DE DAGNY

1174. — Willaume, abbé de Saint-Michel, et les religieux de la même maison, considérant que la concorde doit toujours régner entre les monastères, surtout quand leurs possessions sont voisines ou confondues, déclarent que les terres dites de Saint-Pierre et de Saint-Denis, situées sur le territoire de Dagny, étant possédées par moitié par eux et par les religieux de Bonne-Espérance (1), ils ont abandonné à ces derniers tous les droits qu'ils

(1) Célèbre abbaye de Prémontrés fondée en 1125 dans le voisinage de Binch, en Hainaut.

avaient sur les dites terres, bois, prés et eaux, à la condition que l'abbaye de Bonne-Espérance leur donnera chaque année, entre le mois d'août et Noël, deux muids de froment à la mesure de Rozoy. Ces deux muids seront mesurés dans la grange de Bonne-Espérance par les domestiques de Saint-Michel et amenés par ceux de Bonne-Espérance dans la grange de Jeantes-la-Cour. — Fait l'an 1274.

75. — Page 129

CONTESTATION AU SUJET DES DEUX MUIDS DE FROMENT DUS PAR LES MOINES DE BONNE-ESPÉRANCE SUR DAGNY

1239. — En l'année 1239, les moines de Saint-Michel se plaignent de la qualité du blé de rente qui leur est fourni par Bonne-Espérance et prétendent qu'ils ne doivent recevoir que du froment pur. Les prémontrés de Bonne-Espérance soutenaient qu'ils ne devaient pas de froment pur, mais du blé tel que le produisait leur cour de Dagny. La discussion fut remise au jugement de Jean de Buzancy, trésorier de Saint-Jean-au-Bourg de Laon, qui décida que la redevance de deux muids de froment due à Saint Michel devait être soldée en blé tel que le produit la cour des religieux de Bonne-Espérance à Dagny, mais cependant du meilleur après celui de semence. — En 1239.

76. — Page 131

SENTENCE PRONONCÉE PAR LES ABBÉS DE THENAILLES ET DE BUCILLY AU SUJET DE DAGNY

1247. — Des difficultés nombreuses survenues entre Saint-Michel et Bonne-Espérance au sujet des dîmes du territoire de Dagny, des revenus de l'autel, des prés remis en culture, etc., sont réglées par les abbés de Thenailles et de Bucilly choisis comme arbitres. Ils rendent leur jugement à Clairfontaine, l'an 1247, la veille de la Saint-Nicolas.

77. — Page 133

DU DROIT DE JUSTICE APPARTENANT A SAINT-MICHEL SUR LES FERMES DE FONTAINE

1359. — Henry du Maisnil, escuyer, bailli de la terre de Guise, fait savoir que « sur ce que les gens de mon très redouté seigneur, monsieur le duc de Bretaigne avoient pris Gille Villain et Ermangarde sa femme, Colin leur fil, Jehan dit Nemon et Jacquemin de Rees en la maison de Fontaines sur Yreson, laquelle est as religieux de Saint-Michel, pour le souppeson de ce que on dissoit qu'il avoit chassie Englebin Chambrelain le signeur de Montigny, en l'ombre de ce que on dissoit que c'estoit uns Navarois, liques venoit de devers les ennemis du roialme, tourses de malette, armenies et autres jouanix (1). Et ycelui pris asses près de la dicte maison, menné en ycelle luy sauve des dis jouanix, et de son abit et ycelui ochis et mordy et repusement en terre ès jardins de la dicte maison, et pour icelui cas furent amenné ès prisons de mon dit signeur ou chastel de Guise. Et pour ce que les dis religieux disoient que la dicte maison estoit en leur justice haute, basse et moyenne, nous requirons ichaux prisonniers à eux estre rendus et restably pour avoir en la congnoissance ou au moins que ce nous en volions congnoistre que ce fust sans préjudice à leur dicte juridiction…,…. pour ce qu'il nous est apparu par informacion les dis religieux avoit connoissance de justice en la dicte maison et ès appartenant d'icelle, yciaulx prisonniers avouns restably au dis religieux, en la dicte maison, en leurs personnes. Quant à la prise faite en ycelle comme signeur souverain, ychauix en tans comme justice appartient et accordant que chose que fait en ait esté, puist on doit porter aucun préjudice à la justice des dis religieux. Et par l'ordenance et acort du dit conseil ou qu'il estoit Jehan de Honcourt, gouverneur et capitaine de Guise, Robert la Face, chastellain de Guise, et plusieurs autres. En témoing de ce nous avouns mis à ces lettres le scel de la dicte baillie. » — « Faictes le deuxiesme jour de juin l'an mil trois cent cinquante-neuf. »

78. — Page 135

DE TROIS SEPTIERS DE FROMENT A PRENDRE SUR LA CENSE DE COINGT APPARTENANT AUX RELIGIEUSES DE BONNEFONTAINE

1160. — Théodoric, abbé de Saint-Michel, et son chapitre, avec l'assentiment du curé de Jantes, abandonnent aux frères de Bonnefontaine toutes les dîmes qu'ils possèdent sur la cour de Coingt, à la condition

---

(1) *Tourse :* Touse, multitude, troupe ; — *malette :* malestie, méchanceté ; — *arménie :* armin, arménien. (*Dict. de la langue française au* XIIe *et au* XIII[o] *siècle,* par C. Hippeau.)

que les dits religieux serviront à l'abbaye de Saint-Michel, tous les ans au jour de la Toussaint, ou dans l'octave de cette fête, trois septiers de froment, mesure de Rozoy. Dans le cas où les terres de la cour de Coingt viendraient à être cultivées par d'autres que les religieux de Bonnefontaine (1), les dîmes seraient perçues de nouveau par Saint-Michel et le curé de Jantes. — Acte passé en 1160, dans le chapitre de Saint-Michel, en présence de Gauthier, évêque de Laon, et Jean, abbé de Bucilly.

79. — Page 136

CONFIRMATION DU DON D'UNE PARTIE DE MAISON A CUIRY

1178. — Roger par la grâce de Dieu déclare, dans la crainte que cela ne soit oublié, que Rénier de *Rahéries* (2) a cédé en aumône aux religieux de Saint-Michel la partie de la maison de Cuiry qu'il tenait de Ingobrand son oncle, de Brune sa femme et de leurs enfants. — Ecrit à Estrées, l'an 1178, dans la semaine de la Pentecôte.

80. — Page 137

DES REVENUS DE LA VILLE DE DOHIS DIVISÉS ENTRE L'ÉVÊQUE DE LAON ET L'ABBAYE DE SAINT-MICHEL

1187. — Moi Roger, évêque de Laon, considérant que dans ces mauvais jours on est plus porté au mal qu'au bien, et que les hommes sont souvent disposés à interpréter en mauvaise part ce qu'on fait pour l'utilité commune, déclare avoir pris les arrangements ci-après avec l'église de Saint-Michel au sujet des revenus de la ville de Dohis. Tous les revenus, même ceux du moulin, ou des moulins s'il arrivait qu'il y en eût plusieurs, seront partagés également entre nous et Saint-Michel ; il en sera de même pour le vivier, ou les viviers s'il y en a plusieurs, chacun de nous aura le droit de pêche. La justice et les crimes m'appartiendront et à mes successeurs.

(1) Abbaye de l'ordre de Citeaux fondée en 1152, non loin d'Aubenton, par saint Bernard et Nicolas de Rumigny.

(2) *Rary*, village qui a complètement disparu dans les guerres du xve siècle ; il était situé entre Bosmont et Tavaux, mais plus près de Bosmont. Son emplacement est encore désigné sous la dénomination de Hayes de Rary.

J'aurai la capitation sur mes hommes et l'abbé de Saint-Michel sur les siens. Nous ne pourrons rien acheter l'un et l'autre dans l'étendue de l'alleu sans le partager par moitié, si l'un de nous le désire. Je ne pourrai ni vendre, ni engager, ni donner en aumône ma portion, si ce n'est à l'église de Saint-Michel, à conditions égales. Quant au moulin, nous l'avons racheté en commun à ceux qui le possédaient par droit de succession et nous l'avons donné à trécens à Beaudouin, notre mayeur, lequel nous l'a revendu avec le consentement de sa femme et de ses enfants, pour en jouir perpétuellement. — Fait l'an 1187, dans les Avents.

81. — Page 138

DE LA MOITIÉ DU MOULIN DE DOHIS DONNÉE A ENGUERRAND
TRÉSORIER DE LAON

1187. — Roger de Rozoy déclare qu'il a donné à son neveu Enguerrand, trésorier de la cathédrale de Laon, sa part du moulin de Dohis, qu'il avait acheté en commun avec l'abbaye de Saint-Michel. Après la mort d'Enguerrand, le moulin reviendra en toute propriété à l'église de Saint-Michel à la condition de prier pour ledit Enguerrand. — Fait l'an 1187.

82. — Page 139

DU MOULIN ET DES REVENUS DE DOHIS DONNÉS A SAINT-MICHEL
PAR L'ÉVÊQUE DE LAON

1200. — Acte par lequel Roger de Rozoy déclare que, dans le but de participer aux prières qui se disent dans le monastère de Saint-Michel, il lui a donné la part qu'il possédait sur le moulin de Dohis et dont son neveu Enguerrand avait la jouissance sa vie durant. Les religieux devront célébrer chaque année un service solennel pour lui, pour les âmes de son père et de sa mère, de son frère Renaud, ainsi que pour les religieux décédés dans le monastère. Et comme plus on travaille plus on doit avoir de marchandises et que le Seigneur ne laisse jamais sans récompense le bien qu'on peut faire, il ajoute à sa donation la portion des dîmes de Dohis qu'il avait obtenue de l'abbé Willaume et de son chapitre. — Fait en présence de l'abbé de Saint-Nicolas-des-Prés, l'an 1200.

83. — Page 140

DÉDOMMAGEMENT ACCORDÉ POUR LA MOITIÉ DU MOULIN DE DOHIS CÉDÉE A LA DAME DE ROZOY

1229. — Aélide, dame de Rozoy, en reconnaissance de ce que l'abbé de Saint-Michel a bien voulu lui abandonner la moitié du moulin de Dohis pour en jouir perpétuellement, lui donne une somme de soixante-treize livres parisis dont il est très reconnaissant et qui lui serviront à acquérir une rente de trois muids de blé, trois muids d'avoine, et soixante sous laonnois sur les dîmes de Plomion, provenant d'Egidius de Vincy et d'Elisabeth sa sœur, qui les tenaient de leur père Renier de Vinci. — Fait en 1229, au mois de mars.

84. — Page 142

ROGER DE ROZOY APPROUVE LA DONATION DE SA FEMME

1229. — Roger de Rozoy, chevalier, seigneur de Chaumont, déclare louer, approuver et avoir pour agréable l'arrangement fait par sa très chère épouse Aélide avec le couvent de Saint-Michel, au sujet de la moitié du moulin de Dohis. — L'an 1229, au mois de mars.

85. — Page 142

DE LA DIME DE PLOMION VENDUE PAR EGIDIUS DE VINCY

1229. — Aélide, dame de Rozoy, et Roger de Rozoy son mari, par deux actes distincts portant la même date, affirment que Egidius de Vinci et sa sœur ont vendu à l'église de Saint-Michel-en-Therasse tout ce qu'ils avaient sur les dîmes de Plomion, consistant en trois muids de blé, trois muids d'avoine et soixante sous laonnois à percevoir chaque année. — Mars 1229.

86. — Page 144

CONFIRMATION DES DIMES DE PLOMION A L'ÉGLISE DE SAINT-MICHEL

1229. — Roger, évêque de Laon, confirme et approuve le traité conclu entre *sa très chère mère* et l'église de Saint-Michel, au sujet du moulin de Dohis et de l'acquisition des dîmes de Plomion. — Fait l'an 1229.

87. — Page 145

DE TROIS MUIDS DE BLÉ ET TROIS MUIDS D'AVOINE DUS SUR LE TERRAGE DE ROUVROY

1229. — Aélide, dame de Rozoy, donne au couvent de Saint-Michel, avec le consentement de son mari et de son fils, une rente de trois muids de blé et autant d'avoine qu'elle assigne sur le terrage de Rouvroy, en attendant qu'elle puisse le faire sur les dîmes dans un autre lieu du diocèse. — L'an 1229, au mois de mars.

88. — Page 146

DONATION FAITE A SAINT-MICHEL PAR LE CURÉ DE PLOMION

1248. — Jean, curé de Plomion, donne en pure et perpétuelle aumône au couvent de Saint-Michel quatre muids et dix jalois de terre situés sur le territoire de Saint-Clément, aux lieuxdits la Fosse-Beton et le Sart-Odon. Il lui donne en même temps la grange qu'il possédait devant l'église. Ces donations, qui ne pourront avoir d'effet qu'après la mort de Jean, curé de Plomion, sont passées sous l'autorité de Théobald de Baya, official de Laon, au mois de juin 1248, le troisième dimanche après l'Octave des Apôtres saint Pierre et saint Paul.

89. — Page 147

DE CINQ SOLS PARISIS AFFECTÉS AU LUMINAIRE DE LA CHAPELLE DE LA COUR DE JANTES

1254. — Marie, dame de Bancigny, veuve de Godefroy de Louvain, approuve la donation de cinq sols parisis, faite par ses ancêtres pour servir au luminaire de la chapelle de la cour de Jantes. Bien que cette aumône ait été oubliée depuis très longtemps, elle veut qu'elle soit désormais servie au jour de Noël sur ses revenus de Jantes. Henri son fils s'engage à cet égard comme s'il avait signé lui-même les lettres de sa mère. — Fait l'an 1254, au mois de février.

90. — Page 148

COMMENT ON PRIST LE MONTONNAIGE (1) A SAINT-MICHEL SANS PRÉJUDICE

1359. — A tous chiaus qui ces lettres verront et orront, Jehans de Honcourt, sire de Lesdaing, chevalier gouverneur et capitaine de la terre de Guise, salut. Coume à faire constribution à le garde fortification et réparation des chàstiaus et forteresses que nos redoubtés sires, messire de Bretaigne en la terre de Guyse, par grande et meure délibération de conseil ait esté ordene acoure en la dicte terre, un certain subside sur vins et autres denrées qui pasent par la dicte terre et sont menées ou portées tant en l'empire comme au royaume, lequel subside est levés en certaines villes et lieux qui sont et appartennent as religieux de Saint-Michel-en-Tesraise es quels li dis religieux se dient avoir justice et signourie et pour ce nous aient requis que nous leur voellons bailler lettres adfin que au temps advenir, la réception dudit subside fait en leur terre comme dist est et dont le ressort appartient à mon dit seigneur, ne leur pusse préjudicier, ne à leur juridiction, sachent tous que nous volons et accordons que la récepcion du dit subside et ce que fait en a esté, est et sera dore en avant ne leur puisse préjudicier ne à leur juridiction. — Donné le vingt-deuxième jour du mois de janvier, l'an 1359.

91. — Page 149

COMMENT ON DOIT A LA LOBIETTE VINGT SOLS PARISIS

1349. — Traité en langue vulgaire par lequel Gobert, abbé de Saint-Michel, et son couvent cèdent à Colart Poisson, de la Lobiette, plusieurs

(1) *Montannage*, droit sur les moutons.

pièces de terre, moyennant une redevance annuelle de vingt sols parisis payables à la Saint-Remy ou chief d'Octobre. L'acte se termine ainsi : En thesmoing des queilles choses, nous avons ces présentes lettres scellées de nos propres seaulx qui furent faictes et données en l'an de grâce mil trois cens quarante neuf, le diemenche devant la Saint-Barthélemy. A toutes ces choses dessus dictes furent Iehans li Cauliers comme maire, Colart le Hugier, Henris Adam, Pierre Baudas et Colars li Soliers comme échevins et en eurent leur drois.

92. — Page 151

DE LA TERRE ET DE LA DIME DE COMIES DONNÉES AUX FRÈRES DU VAL-SAINT-PIERRE

(....) — Notum sit universis ecclesie filiis quod ego Johannes Sancti Michaelis abbas, assensu capituli nostri, terram nostram et decimam de Comies, fratribus Sancti Petri sub ordine cartusiensi Deo militantibus, precibus domini Jordanis sancte romane ecclesie cardinalis, sub censu vigenti quinque solidorum cathalaunensis monete concessimus. Eo tenore ut si forte, quod absit, predicti fratres aliqua occasione in loco illo recesserint, vel censum persolvere nono fuerint, ad ecclesiam nostram possessio nostra libera revertetur, signum Johannis abbatis, etc. — (Sans date).

93. — Page 152

DE L'AUTEL ET DU BOIS DE BONCOURT (1)

1157. — Gauthier, évêque de Laon, approuve et confirme la donation de l'autel de Boncourt et de ses dépendances, faite par l'église de Saint-Michel aux frères hospitaliers de Saint-Jean-de-Jérusalem, moyennant une rente perpétuelle de six muids de froment tel que le produira la terre, mais cependant du meilleur après celui de semence, et qui devra être conduit à Sissonnes. Quant au bois du dit Boncourt situé au dehors des limites de la maison des hospitaliers, les moines de Saint Michel qui habitent la

---

(1) Boncourt, commune du canton de Sissonnes, célèbre par une commanderie du Temple qui y fut créée vers le milieu du XIIe siècle.

vieille ville de Sissonnes en auront l'usage autant que ceux-ci le permettront. — Fait à Laon, en l'année 1157.

94. — Page 153

DE DEUX CHARRUES DE TERRE DONNÉES PAR LE SEIGNEUR DE SISSONNES

1130. — Barthélemy, évêque de Laon, déclare qu'au moment où, à la prière de Gilbert, abbé de Saint-Michel, il faisait la consécration de l'église de Sissonnes en l'honneur de saint Martin, Pierre, chevalier, seigneur du lieu, du consentement de Vuiborge sa femme et de ses enfants Alexandre et Théodorique, a constitué en dot à la dite église la quantité de terre nécessaire au travail de deux charrues. Cette donation faite en vue du remède de son âme, a eu lieu en présence de tout le chapitre réuni, l'an 1130.

95. — Page 154

DE LA DIME DES TERRES DONNÉES A L'ÉGLISE DE SISSONNES

1151. — Gauthier, évêque de Laon, déclare qu'à sa sollicitation et à la prière des moines de Saint-Michel, Barthélemi d'Avaux leur a abandonné les dîmes qu'il possédait sur les terres données à l'église de Sissonnes par Pierre, seigneur de la dite ville. — Fait en 1151.

96. — Page 155

DE LA DIME DES TERRES SITUÉES ENTRE LA VIEILLE ET LA NOUVELLE VILLE DE SISSONNES, DU DROIT DE SÉPULTURE ET DE DIVERSES REDEVANCES (1).

1189. — Charte par laquelle Roger, évêque de Laon, fait connaître que Guillaume, seigneur de Sissonnes, et Ermangarde sa femme ont donné au

(1) Le cimetière de Sissonnes avait toujours été à la vieille ville (V. la note à la page suivante), où le soc de la charrue ramène encore de vieux ossements au-dessus du sol. Voilà pourquoi la charte donne aux religieux de l'église de Saint-Michel le droit de percevoir un droit de quatre deniers, au moment de l'enterrement dans le cimetière

couvent de Saint-Michel les dîmes des deux cultures situées entre la nouvelle et la vieille ville de Sissonnes; plus, quatre deniers monnaie de Laon dus à la mort de chaque bourgeois décédé dans la nouvelle ville et qui doivent être payés au moment même de l'enterrement (*dum corpus tumulatur*) par sa veuve ou ses héritiers ; cette somme sera soldée entre les mains du moine résidant dans l'ancienne ville ou dans les mains de son familier. On voit aussi par cette charte qu'après le décès de Guillaume son mari, Ermangarde, sur le point de mourir elle-même, a donné au couvent de Saint-Michel un demi-muid de seigle à prendre chaque année dans la grange où l'on a coutume de rassembler le terrage de Sissonnes. Cette donation est approuvée solennellement par Gobert de Sissonnes son fils et par ses frères et sœurs. La charte de Roger nous apprend encore que Gobert avec l'assentiment de ses frères et sœurs a donné au curé de Sissonnes quatre jalois de seigle à prendre chaque année sur sa grange, plus le droit de faire moudre son grain en franchise au moulin de Sissonnes. — Fait l'an 1189.

97. — Page 156

DE DEUX JALOIS DE SEIGLE ET AUTANT D'AVOINE A PRENDRE SUR LE TERRAGE DE LA VILLE TEUTONIQUE DE SISSONNES (1)

1192. — Charte de Roger, évêque de Laon, qui déclare que Gérard, seigneur de Sissonnes, sur le point de mourir, a donné pour le remède de son âme, au couvent de Saint-Michel, deux jalois de seigle et deux jalois de la nouvelle ville, dont l'église avait été construite par Pierre, seigneur de Sissonnes, en 1130 en l'honneur du bienheureux Martin, évêque de Tours.

Il paraît qu'au siècle dernier, les habitants de Sissonnes allaient encore sur l'emplacement, aujourd'hui en culture, de la vieille ville prier pour leurs ayeux qui y avaient été inhumés.

(1) Dans les anciens titres, Sissonnes est en effet souvent appelé *villa teutonica*, village teutonique ou allemand. Quelques historiens ou chroniqueurs, rapporte M. Laisné dans son savant *Mémorial de Sissonnes*, s'accordent à dire que ce pays doit son origine à une colonie de Saxons que, vers l'an 796 ou 804, Charlemagne transplanta, dans les plaines désertes de ce canton ; l'empereur ayant jugé que le meilleur moyen de pacifier le pays qu'il venait de conquérir sur les bords de l'Elbe était de le dépeupler, en envoya les habitants les plus valides dans les provinces du nord de la Gaule. C'est à cette circonstance que Sissonnes devrait son surnom de *villa teutonica*.

Deux villages de Sissonnes ont existé simultanément et pendant plusieurs siècles, d'avoine à la mesure de Sissonnes, à prendre sur le terrage de la ville teutonique (*in terragio teutonice ville*). Cette donation est faite avec l'approbation de Gobert de Sissonnes son frère, de qui il tenait le fonds, et de Nicolas son autre frère, à qui ce fonds devait appartenir par succession. — Fait l'an 1192.

98. — Page 157

DES OFFRANDES DANS L'ÉGLISE DE SISSONNES

1218. — A la suite de difficultés survenues entre le couvent de Saint-Michel et Clérambauld, curé de Sissonnes, au sujet des offrandes faites à l'église, R..., abbé d'Haumont, choisi pour arbitre, décide que dans les jours solennels de Pasques, de la Pentecôte, de la Nativité de N.-S., de la Purification de la Vierge et de la fête de Saint-Martin, patron de la paroisse, Saint-Michel aura les deux-tiers des offrandes et le curé un tiers. Une amende de cent livres sera imposée à celui qui n'observera pas fidèlement cette règle. — Fait en 1218, au mois de juillet.

99. — Page 158

DE LA DIME SARDORUM SILORUM SUR LE TERRITOIRE DE SISSONNES

1218. — M.... de Sissonnes, après avoir contesté au couvent de Saint-Michel, au curé de Sissonnes et à noble homme W.... d'Avaux, la dîme

l'un plus ancien, bâti auprès des sources mêmes de la petite rivière de la Souche, et appelée la vieille ville (*vetus villa*), et l'autre bâti plus tard auprès du château-fort, à environ deux kilomètres en aval, vers le commencement des marais, et appelée ville neuve (*villa nova*); on l'appelait encore *villa francica*, ville franche ou française. Etait-ce en opposition avec *villa teutonica* ? ou n'était-ce pas plutôt à cause des franchises accordées aux habitants du nouveau village ?

On a pensé aussi que le nom de Sissonnes pouvait avoir une autre origine que celle indiquée plus haut. Sissonnes, un vieil oppide peut-être des *Suessiones*, situé en Austrasie (*Francia teutonica*), et Soissons, capitale de la Neustrie (*Francia romana*), ont toutes deux, dans les vieilles chartes, un nom presque identique : *Suessona*, *Sessona*, *Suessonia*, *Sessonia*; afin donc de distinguer ces deux localités, peut être aurait-on donné à Sissonnes le surnom de *villa teutonica*, parce qu'il était en Austrasie. (Notes de M. l'abbé Charpentier, curé de Fontaine-lès-Vervins.)

(On peut se reporter aussi aux chartes numéros 4, 5, 6 et 9 du présent *Cartulaire*.)

sardorum qui facti sunt dans la limite du territoire de Sissonnes, déclare qu'il n'y a aucun droit, excepté sur le territoire de Fayau (1).

100. — Page 159

AFFRANCHISSEMENT DE DIMES SUR CERTAINES TERRES

1218. — Milon, seigneur de Sissonnes, affranchit de toutes dîmes les terres de Saint-Michel provenant d'Evrard, dit *Li Cahas*, qui les tenait de lui. — L'an 1218, au mois d'août.

101. — Page 159

DE LA DONATION FAITE AUX RELIGIEUSES DE LONGPRÉ PAR GAUTHIER SEIGNEUR D'AVAUX

1212. — Milon, seigneur de Sissonnes, approuve la donation de la moitié des dîmes de Couricort faite aux religieuses de Longpré par son cher et fidèle Gauthier, seigneur d'Avaux, qui la tenait d'Odon de Tourne. — Fait au mois d'avril 1212.

102. — Page 160

DE LA VENTE DE DEUX MUIDS DE BLÉ FAITE A SAINT-MICHEL PAR WAUTIER DE SISSONNES

1231. — Lettre de l'abbesse de Fontevrault aux religieux de Saint-Michel par laquelle elle déclare approuver la vente de deux muids de blé qui leur a été faite par Wautier de Sissonnes, sur les dîmes du village. — Datée du mois de juillet 1231.

103. — Page 160

CONSENTEMENT DE L'ÉVÊQUE DE LAON A LA FONDATION D'UNE CHAPELLE PAR WAUTIER DE SISSONNES

1231. — A..., évêque de Laon, autorise Wautier de Sissonnes à fonder

(1) Fayau ou Faïel était, d'après les anciennes chartes, situé entre Sissonnes et *Amifontaine* (*inter territorium de Sissonia et territorium de Amia*).

une chapelle qui sera établie dans un lieu approuvé par l'abbé de Saint-Michel et dont le revenu devra être de dix livres parisis. — Fait au mois d'août 1231.

104. — Page 161

DE CINQ MUIDS ET DEMI DE BLÉ ET D'UN MUID ET DEMI D'AVOINE ASSIGNÉS POUR LA CHAPELLE DE VILLEMARIE

1231. — Anselme, évêque de Laon, déclare que Wautier, seigneur de Sissonnes, père de Robert, chevalier, seigneur de Marchais, a donné en sa présence à l'abbaye de Saint-Michel, pour la fondation d'une chapelle dans le domaine de Villemaroie, cinq muids et demi de blé et un muid et demi d'avoine à prendre chaque année sur les granges dîmeresses de Jantes-la-Cour et de Sissonnes. Il est question dans cette charte de Lucienne, prieure de Longpré, sœur dudit Gauthier, d'Agnès et de Julienne, filles du même seigneur, qui avaient des droits sur les biens donnés pour la chapelle. — Fait en 1231 au mois de novembre, le second dimanche après la fête de saint Clément.

105. — Page 162

DE LA DIME DU VIN ET DU FOIN DANS LA CLOTURE DE LA MAISON DES LÉPREUX DE SISSONNES

1236. — Lettre de l'officialité de Laon qui fait connaître que Robert, seigneur de Sissonnes, a donné en aumône perpétuelle à l'église de Saint-Michel toute la dîme du vin, du foin et de toutes les autres choses dans la clôture des murs de la maison des lépreux de Sissonnes. — L'an 1236, au mois de juillet.

106. — Page 162

DE LA TERRE VENDUE A THOMAS, CURÉ DE SISSONNES, ET A GOBERT DE FLORICOURT, BOURGEOIS DE LAON

1237. — Lettre de l'officialité de Laon de laquelle il appert que Ferry de Cobartille et Wautier le Coc, demeurant à Froidmont, ont vendu à

Thomas, curé de Sissonnes, et à Gobert de Floricourt (1), bourgeois de Laon, une certaine pièce de terre labourable située le long du ruisseau de la vieille ville, entre la terre d'Adam Talon et la vieille ville, pour le prix de trente livres laonnoises, dont ils se sont montrés satisfaits, reconnaissant toutes fois que cette terre était chargée d'une rente de sept sols et demi laonnois envers l'abbaye de la Valroy (2) et l'église de Saint-Martin de Sissonnes. — Fait l'an 1237, au mois de janvier.

107. — Page 166

VENTE D'UNE PIÈCE DE TERRE A SAINT-MICHEL PAR LE CURÉ DE SISSONNES

1240. — Lettre de Guillaume d'Anteny, official de Laon, constatant que Thomas, curé de Sissonnes, a vendu à l'abbé et au couvent de Saint-Michel, moyennant la somme de cinquante livres parisis, une pièce de terre contenant vingt-sept jalois située sur le territoire de Sissonnes, près de la vieille ville, provenant de G. Talon. — L'an 1240, au mois d'octobre.

108. — Page 167

ARRANGEMENT ENTRE SAINT-MICHEL ET LE CURÉ DE SISSONNES
AU SUJET DE LA DIME DES NOVALES

1239. — En l'année 1239, des difficultés surgirent entre le curé de Sissonnes et les religieux de Saint-Michel, qui prétendaient avoir sur les novales la même portion qu'ils avaient sur les anciennes dîmes. La question, d'après l'avis de l'officialité de Laon et le conseil d'hommes sages, fut réglée à l'amiable de la manière suivante: les religieux de Saint-Michel donneront au curé de Sissonnes quarante livres de Provins en augmentation de sa cure et ils auront, dans les nouvelles dîmes, la même portion que celle qu'ils touchent sur les anciennes. — Fait l'an 1239, au mois de mai.

109. — Page 168

DE LA DIME DE SISSONNES CÉDÉE EN PARTIE PAR ROBERT LE CORNU

1239. — Robert dit *le cornu* (*cornutus*), seigneur de Sissonnes, du con-

(1) Fleuricourt.
(2) La Valroy, abbaye située sur le territoire de la commune de Saint-Quentin-le-Petit canton de Château-Porcien (Ardennes).

sentement de Marie, sa femme, accorde aux moines de Saint-Michel le quart des grosses dîmes qu'il possède sur le territoire de Sissonnes, moyennant certaines conditions. — L'an 1239, au mois de novembre.

110. — Page 169

DE LA DIME DE SISSONNES

1239. — Jean Bedous, chevalier, seigneur de Marchais, déclare abandonner aux religieux de Saint-Michel les droits qu'il avait sur la portion des dîmes de Sissonnes qui leur a été donnée par Robert dit *le cornu*. — Fait l'an 1239, au mois de novembre.

111. — Page 170

DE LA DIME DU TERRITOIRE DE FAIEL

1257. — Guillaume de Copy, official de Laon, déclare que Robert, clerc, fils de Simon, chevalier (*armiger*) de Sissonnes, a cédé aux moines de Saint-Michel, au prix de six muids de seigle à la mesure de Sissonnes, la dîme du lieu dit *en Fayel*, situé entre le territoire de Sissonnes et celui d'Amy. — Fait en 1257, le dimanche avant la Division des Apôtres.

112. — Page 173

C'EST L'ACORT DE BUCILLIS POUR LE PASTURAGE DES YVES, POUR LE PONT ET POUR LA QUARIÈRE BAUDUIN QUASTEL

1360. — La contiguïté des propriétés des abbayes de Saint-Michel et de Bucilly fut toujours une cause fréquente de démêlés entre les deux maisons. En 1360, les religieux de Saint-Michel « .disoient et maintenoient eulx estre en saisine et possession et avoir droit de mener et faire mener pasturer leurs yviees, suiaus et poutrains (*juments, suivants et poulains*) dans les bos du Quartier qui appartenoient à Bucilly. » Ils s'opposaient aussi à la construction d'un pont sur la rivière d'Any, qu'ils avaient droit, disaient-ils, de tenir franche et exempte, sans qu'on puisse y faire et tenir pont. Ils prétendaient aussi avoir un droit de passage pour eux et leurs marchands du bois de Bauduin Castel, « afin de carrier toute la widange du dit bois parmi la carrière qui vient du bois de Bauduin Castel en alant au grand chemin qui vient des Planches à Glant parmi la carrière dessus dite. » Saint-Michel disputait en même temps à Bucilly certains droits de cens sur le tréfonds du Quartier et de la mairie de Blicy. Afin de se mettre d'accord, les deux maisons firent, le 15 du mois de juin, le traité suivant : l'abbaye de Saint-Michel pourra faire pâturer ses animaux dans les bois du Quartier, mais à garde faite ; dans le cas où ils seraient trouvés sans garde les religieux seront soumis à telle amende qu'on est accoutumé à prendre en pareil cas. Si malgré les gardes ils étaient trouvés seuls dans les bois, les propriétaires seraient également amendables à moins que les gardes ne fassent serment sur les saints Evangiles qu'il n'y a nullement de leur faute. Les religieux de Bucilly pourront faire et avoir pont sur la rivière d'Any au-dessous de leur maison de Neuvecourt, pourvu toutes fois que ledit pont soit assis sur des terrains leur appartenant étant à un lez et à l'autre de la dite rivière. « Pour la carrière de la vidange du bois de Bauduin Castel, certaines bondes seront assises au bois du Quartier et on y laissera espace pour carrier de dix pieds de lez, par lesquels lieux les religieux de Saint-Michel et leurs marchands videront et pourront carrier la vidange de tous les bois de Bauduin Castel. » Quant aux cens du tréfonds du Quartier et de la mairie de Blicy, ils appartiendront pour un tiers aux religieux de Bucilly, qui les recevront en avant le jour de la Saint-Jean en la manière accoutumée. — Fait le 15 juin 1360.

113. — Page 182

CESSION DE LA MAISON DE VILLEMARIE FAITE A SAINT-MICHEL
PAR L'ÉVÊQUE DE LAON

1229. — Anselme, évêque de Laon, fait connaître qu'à la suite de contestations survenues entre lui et Robert, seigneur d'Eppes, au sujet de la maison de Villemarie (*Villa Maria*) sur la propriété de laquelle ils avaient tous les deux les mêmes prétentions, celui-ci ayant témoigné l'intention de la céder à l'abbaye de Saint-Michel, si toutes fois lui-même consentait à faire une cession semblable, il a, après avoir pris de bons conseils, et en considération de ce que ce domaine était de peu de valeur, qu'il était obéré de charges considérables, et que son aliénation ne serait pour l'évêché ni un dommage, ni un scandale, abandonné la dite terre à l'église de Saint-Michel, pour la posséder tout entière paisiblement et à toujours, se réservant seulement la juridiction ecclésiastique, comme dans tous les domaines religieux, sans pouvoir convertir rien de la dite maison à son usage particulier ou à celui de son évêché. Il pourra seulement y constituer quelques personnes religieuses pour l'administrer. — Fait l'an 1229, au mois de janvier.

114. — Page 178

CESSION DE LA MAISON DE VILLEMARIE FAITE A SAINT-MICHEL PAR ROBERT, SEIGNEUR D'EPPES

1229. — Charte de Robert, seigneur d'Eppes, par laquelle il fait connaitre à tous présents et à venir qu'il prétendait avoir la seigneurie, des droits et certaines coutumes sur la maison de Villemarie et que l'évêque de Laon prétendait avoir les mêmes droits sur la même maison, attendu que c'était un domaine ecclésiastique ; il déclare ensuite qu'animé par l'amour de Dieu, il a abandonné en pure et perpétuelle aumône la dite terre à l'abbé et au couvent de Saint-Michel-en-Thiérache sans en rien garder, ni pour lui ni pour ses héritiers ; il fait la réserve cependant que, s'il arrivait que pour protéger le domaine contre la violence, les religieux se trouvassent dans la nécessité d'avoir recours à un avoué séculier, ils ne pourront en prendre d'autre que le seigneur d'Eppes.

Si par hasard les moines, les convers, les sœurs, les familiers de la dite maison commettaient quelque vol ou quelque autre délit, il n'aura pas le droit d'intervenir : on aura recours à l'abbé de Saint-Michel ; mais si un étranger se rendait coupable d'un vol, d'un homicide, d'une rixe, ou de tout autre délit, la punition le concernerait. Néanmoins il ne pourra enquérir à l'égard des étrangers que par les témoins et jurés produits par la maison elle-même, savoir : les moines, les convers, les converses, et la famille (*familia*) à qui l'abbé ordonnera de prêter serment lorsqu'ils en seront requis par lui ; s'ils ne veulent pas jurer, l'abbé ne les défendra pas contre lui. En ce qui concerne les injures ou autres délits qui pourrait être faits contre eux, ils pourront avoir recours à l'évêque, comme juge de la chrétienté, à moins qu'ils ne veuillent eux-mêmes s'adresser au seigneur d'Eppes. Cependant ils ne pourront avoir recours à l'évêque comme à un juge ou avoué séculier qu'autant que ledit seigneur serait venu à manquer (*nisi fuero in defectu*). Si, parmi les familiers de l'abbé dans la maison de Villemarie, un vol venait à être commis, le voleur, après qu'il aura été jugé et convaincu par la même famille, lui sera livré. Robert d'Eppes accorde en outre par le même acte le droit de faire paître trente vaches dans les pâturages qui lui appartiennent ; les veaux qui naîtront de ces trente vaches pourront également fréquenter les mêmes pâturages pendant un an à partir du jour de leur naissance ; on ne pourra les y laisser plus longtemps sans une autorisation spéciale de sa part. Quant aux poules, chapons et porcs appartenant à la maison, il ne sera pas permis de les conduire par troupes dans les dits pâturages.

Robert s'engage à défendre l'abbaye de Saint-Michel dans la possession du domaine de Villemarie contre sa mère, ses frères et ses sœurs, si cela était nécessaire. Elvide sa femme approuve la donation et déclare n'avoir aucune prétention sur la dite terre, soit sous le prétexte de dot, soit pour tout autre motif, afin que Saint-Michel puisse en jouir librement et à toujours. — Fait l'an 1229, au mois de juin.

115. — Page 182

HUGUES D'EPPES APPROUVE LA DONATION DE VILLEMARIE AUX MOINES DE SAINT-MICHEL PAR ROBERT, SEIGNEUR D'EPPES, SON FRÈRE

1229. — Hugues, frère de Robert, seigneur d'Eppes, loue et approuve la donation, faite en sa présence par son frère à l'abbaye de Saint-Michel, de la maison de Villemarie avec toutes ses dépendances. — Fait l'an 1229, au mois de juin.

116. — Page 183

DES TERRES ET DES VIGNES DE VILLEMARIE TELLES QU'ELLES SONT FIXÉES ET DÉTERMINÉES PAR DES BORNES

1234. — Au mois d'août, Robert, chevalier, seigneur d'Eppes, confirme à l'église de Saint-Michel les vignes, les terres labourables, les bois, les prés et les jardins, suivant les bornes et les limites tracées autour de la maison de Villemarie, ainsi que tout ce qui est situé entre les dites bornes, sauf les chemins d'un usage commun ; il reconnaît que les dites bornes ont été placées de son consentement et de celui de l'abbé de Saint-Michel ; il déclare que tous ces biens sont de la dépendance de la maison de Villemarie et s'engage à les défendre contre tous ceux qui voudraient y porter atteinte. Helvide, sa femme, spontanément et sans y être contrainte, approuve l'acte de son mari et s'engage à toujours le respecter.

117. — Page 184

DE SEPT SOUS ET DEMI DE RENTE DONNÉS A LA CHAPELLE DE VILLEMARIE PAR LE SEIGNEUR D'EPPES, POUR L'ANNIVERSAIRE D'HELVIDE SA FEMME

1236. — Robert, seigneur d'Eppes, après le décès d'Helvide, sa très chère épouse, donne à la chapelle de la maison de Villemarie sept sous et demi de rente à prendre chaque année sur son vinage d'Eppes, afin de célébrer un service anniversaire pour le repos de son âme. Sur les sept sous et demi, monnaie de Laon, il sera prélevé chaque année une somme destinée à la pitance de ceux qui servent Dieu dans la dite maison.

118. — Page 158

SENTENCE ARBITRALE RENDUE ENTRE LES RELIGIEUX DE SAINT-MICHEL ET LE CURÉ DE COUCY-LES-EPPES, AU SUJET DES DIMES ET DES OFFRANDES DE VILLEMARIE

1245. — Charte par laquelle maître Clément de Saint-Germain, chanoine, et Ymbert, official de Laon, font connaître que des discussions s'étant élevées entre l'abbé et les religieux de Saint-Michel, d'une part, et Pierre, curé de Coucy près d'Eppes, d'autre part, au sujet de la dîme des terres et des vignes appartenant à la maison de Villemarie, et des aumônes faites à la chapelle du même lieu, les parties, d'après le conseil d'hommes probes, ont résolu de confier la solution de l'affaire aux dits Clément de Saint-Germain et Ymbert, s'engageant sous peine d'une amende de cent livres à se soumettre à leur décision. Les arbitres, auxquels fut adjoint comme co-arbitre le chanoine Bernard, neveu de l'évêque, après avoir entendu l'abbé de Saint-Michel, M° Jean, clerc et procureur de l'abbaye, chargé de pouvoir des religieux, Pierre, curé de Coucy, et Bernard, co-arbitre, décidèrent ce qui suit : la dîme et les offrandes objets de la contestation demeureront à l'avenir à l'abbé et au couvent de Saint-Michel, le curé de Coucy ou ses successeurs n'auront rien à en revendiquer désormais ; toutes fois l'abbé et le couvent de Saint-Michel devront payer au curé de Coucy quatre-vingts livres parisis, en argent, suffisant pour le rachat des dites dîmes et offrandes; cette somme devra être employée à l'utilité de l'église de Coucy. Les religieux donneront en outre au dit curé trente livres parisis pour le dédommager des frais qu'il a été obligé de faire pour soutenir cette affaire. — Fait l'an 1245, aux vigiles de la Pentecôte.

119. — Page 186

GARNIER ÉVÊQUE DE LAON CONFIRME L'ARRANGEMENT CI-DESSUS

1245. — Charte de Garnier, évêque de Laon, par laquelle il déclare avoir lu les lettres ci-dessus dans toute leur intégrité, et approuver et ratifier tout ce qu'elles contiennent.

120. — Page 187

DE CINQ MUIDS DE VIN DUS A SAINT-MICHEL SUR ROUCY

1219. — Maître Pierre Garnier, official de Laon, déclare qu'en sa présence le seigneur Pierre de Roucy (*dominus Petrus de Rouceio*), curé de Leuze, pour le salut de son âme, a donné à l'église de Saint-Michel, pour en jouir après son décès, cinq muids de vin blanc à prendre, chaque année, sur deux vignes qu'il possède à Roucy, dont l'une s'appelle la Vigne-aux-Arbres, et l'autre la Vigne-en-Vaux, vers la fontaine de Pisenton. Martin et Ebale, frères de Pierre, ont donné leur approbation à cette aumône. — Fait l'an 1219, au mois de mai.

121. — Page 188

LES RELIGIEUSES DE SAINT-MICHEL VENDENT A ETIENNE DE CAMBRAI UNE MAISON SISE A LAON

(....) — Willaume, abbé de Saint-Michel, du consentement de ses religieux, cède à Etienne de Cambrai, bourgeois de Laon, la maison qu'ils possédaient dans cette ville et qui leur avait été donnée en aumône par Marcil (*Marcilius*), convers de leur monastère. Cette cession est faite moyennant un cens annuel de huit sols de bonne monnaie payables à la Saint-Remy, plus une charge de douze deniers due sur cette même maison. — (Sans date).

122. — Page 188

ECHANGE DE LA VIGNE DE DULLANT CONTRE UN CHAMP, ET UNE AUTRE PETITE VIGNE

(....) — Théodore, abbé de Saint-Michel, et les religieux du monastère cèdent à Anselme leur vigne de *Dullant* (1) en échange d'un champ et d'une autre petite vigne. La femme d'Anselme consent à cet échange, qui est fait en présence de Lisiard, doyen. — (Sans date.)

123. — Page 189

SENTENCE RENDUE AU SUJET DE LA VIGNE DE PODION

(....) — A..., archidiacre, R..., chantre de Paris, M⁰ de Corcon, chanoines de Noyon, S. de Vaux, et Egidius de Hadion, chanoines de Laon, arbitres choisis pour mettre fin à une contestation qui s'était élevée entre l'église de Saint-Michel, d'une part, et Clérembeau, chevalier croisé (*crucesignatum*), d'autre part, au sujet d'une certaine vigne dite de *Podion* (2), rendent leur sentence en faveur du monastère. — (Sans date.)

124. — Page 190

DE LA VIGNE APPELÉE CARA RES

(....) — Wiberge, abbesse du monastère de Montreuil, déclare qu'avec le consentement de ses frères et de ses sœurs, elle a, dans l'intérêt de sa communauté, cédé à l'abbaye de Saint-Michel la partie qu'elle possédait dans la vigne dite *Cara res* située sur le territoire de Vaux-sous-Laon.

(1) Lieudit du territoire de Vaux-sous-Laon.
(2) Lieudit ancien du territoire de Vaux-sous-Laon.

Cette vente, faite moyennant huit livres de bonne monnaie, est passée en présence de Barthélemy, ancien évêque (*quondam episcopus*). — (Sans date.)

125. — Page 191

CONCESSION A L'ÉGLISE DE SAINT-MICHEL DE LA SIXIÈME PARTIE DE TOUS LES BIENS QUE SŒUR HAVIDE AVAIT DONNÉE AU MONASTÈRE DE MONTREUIL

1151. — Wiberge, abbesse de Montreuil, déclare que, d'après le conseil et le consentement de Barthélemy, ancien évêque de Laon, de Gossuin, abbé de Foigny, de frère Benoît et de plusieurs autres religieux, elle a concédé à Jean, abbé de Saint-Michel, la sixième partie de tous les biens que sœur Havide, pour elle et pour les siens, avait donnée en aumône au monastère de Montreuil. Cette donation est faite à la condition que l'abbé de Saint-Michel se chargera de Walbert, fils de la dite Havide, et qu'il en fera un moine de son monastère. Il est stipulé dans l'acte que dans le cas où les nécessités de la maison forceraient Saint-Michel à se défaire de la portion des biens de la dite Havide, qui lui est concédée, il la vendrait de préférence à Montreuil. Il en sera de même pour Montreuil vis-à-vis de Saint-Michel dans le cas où les religieuses se trouveraient obligées d'aliéner la partie du bien qui leur reste. — Fait l'an 1151.

126. — Page 192

D'UN DEMI-MUID DE FROMENT ET D'UN DEMI-MUID DE SEIGLE DUS A SAINT-MICHEL PAR L'ABBAYE DE MONTREUIL SUR SA MAISON D'ATHIES

1173. — Guillaume, abbé de Saint-Michel, déclare que du consentement de son chapitre il a cédé à l'abbaye de Montreuil, pour en jouir à perpétuité, tout ce que son monastère possédait sur Athies et Montegny, provenant de Walbert, moine de sa maison; à la condition d'une redevance annuelle, payable à la Saint-Remy, de deux muids de froment et de deux muids de seigle que les frères ou les religieuses de Montreuil demeurant à Athies seront tenus d'amener à leurs frais dans la maison que l'abbaye de Saint-Michel possède à Vaux. Dans le cas où cette redevance ne serait pas soldée, les religieux de Saint-Michel auront le droit de la percevoir librement sur Athies et Montegny. — Fait l'an 1173.

127. — Page 193

DE L'AUTEL DE PLESNOY DONNÉ PAR LES RELIGIEUX DE SAINT-MICHEL
A L'ABBAYE DE SAINT-MARTIN DE LAON

(....) — Charte de Jean, abbé de Saint-Michel-en-Thiérache, de laquelle il appert que, du consentement de son chapitre, il a cédé aux moines de Saint-Martin-de-Laon l'autel de Plesnoy et toutes ses dépendances, à l'exception de la culture tenue par les frères de Vauclair, et qu'il a obtenu en échange tout ce que Saint-Martin possédait sur Flavigny, plus un muid de froment, valant au moins un denier, à prendre chaque année sur la cour d'Étrepoit. Les religieux de Saint-Martin donneront en outre à cette occasion un repas (*obsonium*), lors de la réunion du synode. — (Sans date.)

128. — Page 194

DES TROIS FERTONS (1) D'ARGENT DUS A SAINT-MICHEL PAR LES CHANOINES
DE LAON, A L'OCCASION DE L'ABBAYE DE FOIGNY

1134. — Charte de Barthélemy, évêque de Laon, par laquelle il déclare qu'il a été convenu que les religieux de Saint-Martin seraient déchargés de la rente de trois muids de froment qu'ils devaient aux chanoines de l'église de N.-D.-de-Laon sur leur moulin d'Etouvolles, à la condition de se charger à l'avenir de solder entre les mains des religieux et abbé de Saint-Michel-*en-Forêt* les trois fertons d'argent dus par les dits chanoines de Laon, à l'occasion de la fondation de Foigny. — Fait l'an 1134.

129. — Page 195

DE LA DONATION DE LA MOITIÉ DU TERRITOIRE DE VILENCEL
FAITE A SAINT-MICHEL PAR PHILIPPE DE SISSY

1153. — Charte de Gauthier, évêque de Laon, de laquelle il appert que

(1) Le Ferton était le quart du marc, le poids de deux onces d'argent.

— 77 —

Philippe de Sissy (*de Sisiaco*), avec l'assentiment d'Aélide sa femme et de ses fils, Mathieu, Guy et Robert, a autorisé Chrestien d'Aurigny à donner en aumône aux religieux de Saint-Michel la moitié du territoire de Vilencel qu'il tenait en fief de lui, moyennant un trécens d'un muid de froment et d'un muid d'avoine à la mesure de Guise ; à la condition qu'après le décès de Chrestien d'Aurigny, le fief rentrera dans les mains de Philippe de Sissy ou de ses héritiers, sans que le trécens soit modifié. — Fait l'an 1153.

130. — Page 196

DE LA MOITIÉ DU TERRITOIRE DE VILANCEL DONNÉE PAR SAINT-MICHEL A L'ABBAYE DE SAINT-MARTIN DE LAON, A LA REDEVANCE DE LA DIXIÈME GERBE

1163. — Jean, abbé de Saint-Michel, du consentement de son chapitre, cède à l'abbaye de Saint-Martin-de-Laon la moitié du territoire de Vilencel, à la condition d'en payer la dîme à la dixième gerbe. Cette cession est faite avec l'assentiment de Chrestien d'Aurigny, qui la leur avait donnée en fief, et de Philippe de Sissy, propriétaire du fonds. — Fait l'an 1163.

131. — Page 197

DE TRENTE-CINQ SOLS DE RENTE QUE SEZILIE VEUVE DE YVON DU CLOITRE AVAIT SUR UNE MAISON APPARTENANT A SAINT-MICHEL AU FAUBOURG DE VAUX

1251. — Lettres de maître Guillaume de Vivières, official de Laon, par lesquelles il déclare que Sezilie, veuve de Yvon du Cloître (*de Claustro*), ancien bourgeois de Laon, a abandonné à perpétuité aux religieux de Saint-Michel, moyennant une somme de quinze livres parisis, le surcens de trente-cinq sols qu'elle possédait sur une maison appartenant aux dits religieux, située près de leur ferme de Vaux-sous-Laon, laquelle maison provenait de Rose dite *Lamitoune*. — Fait l'an 1251, au mois de décembre.

132. — Page 198

DE L'AUTEL DE LERZY DONNÉ A SAINT-MICHEL PAR ELINAND,
ÉVÊQUE DE LAON

1060. — Charte par laquelle Elinand, évêque de Laon, fait connaître à tous présents et à venir, qu'à la sollicitation de Foulque, abbé de Saint-Michel, et dans l'intérêt de la chose publique, il a donné au monastère du dit Saint-Michel l'autel de Lerzy (*de Lehersiaco*), pour le desservir et en jouir à perpétuité. — Fait à Laon en l'année 1060, aux nones de décembre.

133. — Page 198

CESSION DU PRESBYTÈRE DE LERZY A L'ABBAYE DE SAINT-MICHEL PAR
WILLAUME, CHANOINE DE LAON, CHANCELIER DE L'ÉVÊQUE

1197. — Charte de Roger, évêque de Laon, qui confirme la donation du presbytère de Lerzy, faite aux religieux de Saint-Michel, par Willaume, chanoine de Laon, son chancelier, qui le possédait depuis longtemps. La donation est faite moyennant une rente viagère de vingt jalois du meilleur froment, un muid d'avoine et un jalois de pois, qui sera servie au donateur chaque année, avant la Nativité de N.-S., dans la maison que les religieux possèdent à Vaux. — Fait l'an 1197, au mois de février.

134. — Page 199

ARRANGEMENT PRIS ENTRE LES ABBAYES DE SAINT-MICHEL ET D'ORIGNY-
SAINTE-BENOITE, AU SUJET DES TERRES DE LA CURE DE LERZY

(....) — Marguerite, abbesse de Sainte-Benoîte, reconnaissant que le monastère de Saint-Michel possède sur Lerzy, dans le voisinage des cultures de sa maison, des terres qui sont le propre de l'autel de la paroisse, ce qui amène souvent la confusion dans la perception des revenus, donne en échange aux religieux de Saint-Michel d'autres portions de terre plus à leur portée qu'ils posséderont à l'avenir comme dotation de l'autel, en compensation de celles qu'ils lui abandonnent ; elle leur cède en même temps une autre partie de terrain pour l'agrandissement de leur cour. De son côté, Jean, abbé de Saint-Michel, du consentement de son chapitre, exempte du droit de cens la maison de l'abbaye d'Origny située dans ses dépendances. — (Sans date.)

135. — Page 200

DE DIX MUIDS DE BLÉ DONT LA COUR DE LERZY EST TENUE ENVERS JEAN, PRÉVOST DE RIBEMONT, POUR LA TERRE DE BUS MALVOISIN

1183. — Aélide, abbesse du monastère de Sainte-Benoîte-d'Origny, déclare que Girard, seigneur de Bernot (*de Brennort*), avec l'assentiment d'Elisabeth sa femme, d'Alméric son fils et de ses autres enfants, lui a remis entre les mains la terre appelée *Bus malvoisin* (1), qu'il tenait en fief de l'abbaye, et qu'elle l'a vendue à Jean, prévôt *(prepositus)* de Ribemont, dit *Facth*, lequel à son tour l'a abandonnée, avec son consentement, à l'église de Saint-Michel-en-Thiérache, moyennant dix muids de froment, le meilleur après celui de semence, à la mesure de Ribemont, qui lui seront livrés chaque année au château de la dite ville. Jean prête serment devant l'autel de Sainte-Benoîte, en présence de témoins, de garantir aux religieux la possession de cette terre de *Bus malvoisin* dont une partie est exempte du droit de terrage et l'autre ne doit que la menue dîme. — Fait l'an 1183.

136. — Page 202

D'UN MUID DE FROMENT DU A SAINT-MICHEL SUR UNE TERRE SITUÉE A GIBERCOURT

(....) — Beaudouin, évêque de Noyon, approuve la convention ci-après faite entre l'église de Saint-Michel et Guillaume, seigneur de Montescourt, au sujet d'une pièce de terre située sur le territoire de Gibercourt. Il est arrêté entre les parties que la terre en question demeurera au seigneur de Montescourt pour en jouir comme par titre héréditaire, à la condition qu'il paiera chaque année aux frères de Saint-Michel un trécens d'un muid de froment, mesure de Saint-Quentin. Si, huit jours après la

(1) Bus malvoisin, ancien lieudit du territoire de Lerzy.

Saint-Remy, époque fixée pour l'échéance du trécens, le droit réclamé par les frères n'était pas payé, ils rentreraient en possession de la terre. — (Sans date.)

137. — Page 203

DE CINQ SOLS DE BONNE MONNAIE DUS PAR NOUS AUX CHANOINES DE SAINT-QUENTIN POUR CE QU'ILS RÉCLAMAIENT SUR LE TERRITOIRE D'ESTRÉS

(....) — Pour mettre un terme aux discussions qui les divisaient depuis longtemps sur certaines propriétés que les chanoines de Saint-Quentin réclamaient sur le village d'Estrés aux religieux de Saint-Michel, les deux parties, avec le consentement de leurs chapitres et en présence de l'archevêque, conviennent que le couvent de Saint-Michel paiera chaque année, aux chanoines de Saint-Quentin, le jour de leur patron, cinq sols de bonne monnaie ; si pour une cause quelconque, les religieux ne pouv   , s'acquitter au jour dit, ils pourront sans forfaire se libérer dans le délai de quinze jours. Signé Drogon. — (Sans date).

138. — Page 204

DE L'ÉCHANGE DE DEUX CHAMPS SITUÉS AU VAL CORNART ET EN MELECHIS SUR LE TERRITOIRE DE LERZY

(1223) — Eustachie, abbesse d'Origny, déclare qu'en sa présence et en celle du maire et des échevins d'Origny, Robert Taupins, chevalier, et sa femme, ont abandonné aux religieux de Saint-Michel les droits qu'ils avaient à quelque titre que ce soit sur deux terres situées au territoire de Lerzy, l'une au *Val Cornart* et l'autre *en Melechis* ; qu'ils ont garanti la possession de ces terres tant qu'ils vivraient, et que si, après leur mort, les religieux venaient à être inquiétés à ce sujet, il leur serait permis de prendre en échange deux autres terres, savoir *Cuernusprez* et *li prez en Waciet*, qui sont voisines de leur domaine, et de les garder jusqu'après la réparation du dommage qui leur aurait été causé. — Fait l'an 1223, au mois de juillet.

139. — Page 205

DE LA TERRE SITUÉE SUR LERZY, VENDUE A SAINT-MICHEL PAR WILLERME DE TENELLE, DIT BARLET

1231. — Acte de Renaud, doyen de Brissy, constatant qu'en sa présence Willaume de Thenelles, dit *Barles*, et Liegarde sa femme ont vendu à l'église de Saint-Michel une pièce de terre située sur le territoire de Lerzy, entre les cultures de la dite église, et qu'ils tenaient en fief d'Aélide, dame de Benai.

140. — Page 206

LA DAME DE BENAI APPROUVE LA VENTE FAITE PAR W. DE TENELLE

1231. — Aélide, dame de Benai, approuve la donation faite en sa présence à l'abbaye de Saint-Michel par Willaume de Thenelle d'une pièce de terre qu'il tenait en fief. — Fait l'an 1231, au mois de novembre.

141. — Page 207

GOBERT DE TOURNOISON ABANDONNE SES DROITS SUR LES TERRES DE LERZY

1248. — Gobert, dit comte de Tournoison, déclare qu'il n'a aucun droit sur le demi-muid de blé qu'il réclamait aux religieux de Saint-Michel sur deux pièces de terre situées à Lerzy, et leur en fait l'abandon plein, entier, sans aucune restriction. — Fait l'an 1248, au mois de mai.

142. — Page 208

DÉSACCORD ENTRE SAINT-MICHEL ET GOBERT DE TOURNOISON RÉGLÉ PAR ARBITRES

1248. — Gobert de Tournoison et les religieux de Saint-Michel se trouvant en désaccord au sujet d'un demi-muid de blé de rente que Gobert prétendait avoir sur deux pièces de terre situées à Lerzy près de la cour des religieux, les parties remettent la décision de la question entre les mains de deux arbitres et s'engagent à accepter leur jugement sous peine d'une amende de cent livres. Les deux experts sont Symon dit *Burles*, prévôt du seigneur roi, de Ribemont *(prepositus domini regis de Ribodimonte)*, et Egidius dit *Mulez* de Ribemont ; ils rendent leur sentence en faveur des moines, en présence de plusieurs témoins, entre autres de Guy Cliket, de Guy de Noyalle et de Renier de Pleine-Selve, chevaliers. — Fait l'an 1248, au mois de mai.

143. — Page 209

SENTENCE RENDUE ENTRE LES ABBAYES D'ORIGNY-SAINTE-BENOITE ET DE SAINT-MICHEL AU SUJET DES DIMES SUR ESTRÉS ET SUR LERZY

1253. — Guillaume, doyen, Mᵉ Clément et Pierre dit *le Petit*, chanoines de Laon, arbitres choisis par les abbés et religieux de Saint-Michel et le couvent d'Origny-Sainte-Benoîte, pour mettre fin aux contestations qui depuis longtemps existaient entre eux, au sujet des menues dîmes de la cour de Lerzy et de la perception des dîmes établies sur les cultures dans les limites des territoires d'Estrées et de Lerzy, rendent le jugement suivant, auquel, pour le bien de la paix, les parties se sont obligées à se soumettre, sous peine d'une amende de cent livres parisis. L'abbesse et le couvent d'Origny n'auront aucun droit sur le reportage ou la perception de la moitié des dîmes, sur les territoires d'Estrées et de Fraitéstrées. Quand les charrues de leur maison cultiveront les terres moyennant deniers, l'abbé et le couvent de Saint-Michel en jouiront librement et pacifiquement. En ce qui concerne les menues dîmes de la cour des religieuses de Sainte-Benoîte à Lerzy, elles ne seront pas perçues tant que les censiers qui occupent la cour en ce moment y demeureront, mais lorsque le domaine passera entre les mains d'un autre tenancier les menues dîmes seront dues à l'abbé et au couvent de Saint-Michel. — Fait l'an 1253, le sixième dimanche après la fête des apôtres saint Pierre et saint Paul.

144. — Page 212

MOITIÉ DU MOULIN DE FLAVIGNY CÉDÉE A JEAN DE CHATILLON

1256. — Charte en langue vulgaire par laquelle Jean de Châtillon, comte de Blois et sire d'Avesnes, déclare que l'abbé et le couvent de Saint-Michel lui ont donné, quitté et octroié à tenir pour lui et ses hoirs, à toujours, la moitié qui leur appartenait sur le moulin de Flavigny-lès-Guise, moyennant cinq muids de blé à la mesure de Guise, que lui et ses hoirs s'engagent à leur solder chaque année dans la quinzaine de la Nativité de N.-S. Jésus-Christ. Si le moulin de Flavigny venait à être détruit, ou à ne plus pouvoir travailler, la redevance serait prélevée sur les moulins de Guise. — Ce fut fait l'an de N.-S. 1256, au mois de janvier.

145. — Page 213

DE LA SOMME DE QUARANTE SOLS A PRENDRE SUR LES DROITS DE VOITURE A GUISE

(....) A..., dame de Guise, en vue de son salut, de celui de son mari et de ses prédécesseurs, donne au couvent de Saint-Michel quarante sous de rente à prendre chaque année sur les droits de voitures à Guise (*ad vectigal Guisie*). — (Sans date).

146. — Page 213

DU TERRAGE DE GUISE DONNÉ A SAINT-MICHEL

1173. — Gauthier, évêque de Laon, déclare qu'un grave incendie, occasionné par les domestiques de Jacob, seigneur de Guise, ayant autrefois dévasté l'abbaye de Saint-Michel, le seigneur de Guise, sur ses instances et pour la tranquillité de sa conscience, a abandonné au couvent tous les droits de terrage que lui et sa femme possédaient sur le territoire, à l'exception toutes fois de ses propres terres et de celles de sa femme. Furent témoins Anfride, abbé de Clairfontaine, Godefroy de Hauteville et Buchard son fils. — Fait l'an 1173.

147. — Page 214

DU TERRAGE DE GUISE DONNÉ PAR LE SEIGNEUR JACOB ET CONFIRMÉ PAR SON FILS WAUTIER, SEIGNEUR D'AVESNES

1211. — Wautier, seigneur d'Avesnes, déclare que, pour son salut et celui de ses ancêtres, il loue et approuve le don de tout le terrage de Guise, fait à l'abbaye de Saint-Michel par Jacob son père, ainsi qu'il est contenu dans les lettres de Gauthier, évêque de Laon. — Fait l'an 1211, au mois de juin.

148. — Page 215

DE QUATRE JALOIS DE FROMENT A PRENDRE SUR CRUPILLY

(....) — Oda Pilutam de Guise, veuve de Pascaire, ayant longtemps disputé aux religieux de Saint-Michel le don de quatre jalois de froment que son mari leur avait fait au moment de sa mort, s'en rapporte pour le règlement de la difficulté à la décision de Lambert le Sourd, chanoine de Laon, et reconnaît qu'elle et ses héritiers doivent cette rente à perpétuité sur les biens qu'ils possèdent à Crupilly. — (Sans date).

149. — Page 215

DE LA RESTITUTION FAITE A SAINT-MICHEL, PAR LE DOYEN DE LAON, DE CE QU'IL AVAIT OCCUPÉ SUR ERLOY AU PRÉJUDICE DU MONASTÈRE

(....) — Sur la réclamation de l'abbé et des frères de l'église de Saint-Michel, Robert, doyen de l'église de Laon, pour le bien de la paix, consent à restituer au monastère tout ce qu'il avait considéré comme lui appartenant, sur le territoire d'Erloy. — (Sans date).

150. — Page 216

DE L'AUTEL D'ERLOY ATTRIBUÉ A SAINT-MICHEL CONTRE LE MONASTÈRE DE SAINT-DENIS

(....) — G..., abbé de Foigny, et S..., abbé de Liessies, décident que l'autel d'Erloy, dont les abbayes de Saint-Denis et de Saint-Michel se disputaient la possession, appartiendra à cette dernière. Pierre, prieur de Saint-Gobert et procureur des religieux de Saint-Denis, reconnaît, dans l'église même d'Erloy, en présence des deux arbitres, qu'il a injustement tourmenté l'abbé et les religieux de Saint-Michel au sujet du dit autel, et déclare abandonner toutes ses prétentions. — (Sans date).

151. — Page 217

SENTENCE RENDUE PAR L'ÉVÊQUE DE NOYON, AU SUJET D'UN MUID DE BLÉ QUE HERBERT, CHANOINE DE GUISE, RÉCLAMAIT SUR LE MOULIN DE FLAVIGNY

1169. — Baudouin, par la grâce de Dieu évêque de Noyon, désigné par ordre du pape pour mettre un terme aux discussions qui existaient depuis longtemps entre Herbert, chanoine de Saint-Gervais de Guise, et le couvent de Saint-Michel, au sujet d'un muid de froment réclamé sur la troisième partie du moulin de Flavigny, déboute Herbert de sa demande et déclare qu'il n'a aucun droit sur le moulin de Flavigny. — Fait l'an 1169.

152. — Page 218

D'UN MUID DE FROMENT DU PAR SAINT-MICHEL AUX CLERCS DE GUISE SUR LE MOULIN DE FLAVIGNY ET SUR DIVERSES PORTIONS DE TERRE

1178. — Acte par lequel Guillaume, abbé de Saint-Michel, reconnaît devoir aux clercs de Saint-Gervais de Guise un muid de froment, à prendre sur le moulin de Flavigny et payable chaque année au jour de la Saint-Remy ; il reconnaît en même temps leur devoir encore chaque année un demi-muid de froment sur diverses portions de terre. — Fait l'an 1278.

153. — Page 218

DE QUATORZE JALOIS DE BLÉ DUS A SAINT-MICHEL PAR LE SEIGNEUR DE PUISIEUX POUR L'EMPLACEMENT DE LA VILLE DE COLONFAY

1161. — Nous Willaume, par la grâce de Dieu abbé de Saint-Michel, faisons connaître à tous présents et à venir que du temps de Théodoric, notre prédécesseur de pieuse mémoire, Gérard, seigneur de Puisieux, voulant édifier une ville au lieu appelé *Colonfait*, sollicita de l'abbé et des moines de Saint-Michel l'abandon, moyennant un trécens, des portions de terrain qui leur appartenaient et qui lui étaient nécessaires pour former l'enceinte de la ville, concession qui lui a été accordée à la condition d'un trécens de quatorze jalois de froment à la mesure de Guise, qui seront payés chaque année à l'abbaye par le dit Gérard. Les parties sont aussi convenues de ce qui suit : Dans le cas où l'espace déterminé pour l'emplacement de la ville serait devenu trop petit et qu'il fût nécessaire de l'augmenter, le trécens dû aux religieux sera aussi augmenté ; si la ville venait à être abandonnée par ses habitants, le trécens serait annulé et Saint-Michel rentrerait dans la possession de ses terres. Si, la ville détruite, il convenait à Girard ou à ses héritiers de donner les terres à terrage ou à trécens, Saint-Michel en aura sa part. Chaque habitant qui cultivera les terres de la dite ville paiera le terrage à la neuvième gerbe, l'abbaye en aura la moitié, l'autre partie appartiendra à Girard ou à ses héritiers. Si Girard ne peut acquitter le trécens avec la part qui lui revient, il y subviendra au moyen de ses propres biens. Nous approuvons et confirmons cet arrangement fait par notre prédécesseur avec le conseil et l'assentiment des hommes de bien, et pour qu'il ne soit pas troublé dans l'avenir, nous avons rédigé le présent chirographe que nous avons fait signer des témoins et munir de notre sceau. — Fait l'an de l'Incarnation 1161.

154. — Page 220

DE SEIZE JALOIS DE BLÉ DONNÉS PAR LE SEIGNEUR DE PUISIEUX SUR LE TERRAGE DE COLONFAY

1235. — Jean, chevalier, dit *Beduins*, seigneur de Puisieux, déclare par ces présentes lettres qu'il a donné et concédé librement et absolument, en aumône perpétuelle, pour le remède de son âme, de l'âme d'Ade sa mère et aussi pour les âmes de ses prédécesseurs, à l'église de Saint-Michel, seize jalois annuels de blé d'hiver, tel qu'il croît sur son terrage de Colonfay. Si ce terrage ne suffisait pas, la rente serait prise sur sa grange de Puisieux. Jean, dit *Beduins*, Agnès sa femme, ses enfants Gérard, chevalier, Jean, dit *Bedous*, et Marga s'engagent à maintenir toujours cette donation. — Fait l'an 1235 au mois de décembre.

155. — Page 221

DE SEIZE JALOIS DE BLÉ A PRENDRE SUR LE TERRAGE DU SEIGNEUR DE PUISIEUX A COLONFAY

1235. — Anselme, évêque de Laon, confirme la donation faite en sa présence au couvent de Saint-Michel par Jean, dit *Beduins*, seigneur de Puisieux, de seize jalois de blé d'hiver, mesure de Guise, tel qu'il croît sur Colonfay, savoir : dix jalois pour le bois situé entre *Clamlieu* (1) et le village de Puisieux, et six jalois pour l'aumône faite par sa mère. — Fait l'an 1235, au mois de décembre.

156. — Page 223

DE QUATORZE JALOIS DE BLÉ ACHETÉS A CLEREMBAULT DE LANDIFAY
A PRENDRE SUR LA DIME QUE TIENT WERRICUS SON FRÈRE

1239. — Lettres par lesquelles Guillaume de Antigny certifie qu'en sa présence Clérambault de Landifay a déclaré avoir vendu à l'église de Saint-Michel, au prix de trente livres parisis, dont il reconnaît être pleinement satisfait, quatorze jalois de blé à la mesure de Landifay, qui seront pris, chaque année après Noël et à perpétuité, sur la grange dîmeresse de Landifay que tient Werricus, frère de Clérembault. — Clérembault, avec l'approbation de sa femme et de son frère, s'engage par serment à garantir cette rente aux religieux, envers et contre tous, selon les usages du pays. — Fait l'an 1239, au mois de juillet.

157. — Page 124

DE QUATORZE JALOIS DE BLÉ A PRENDRE SUR LA GRANGE DE L'ABBAYE
DE SAINT-NICOLAS-DES-PRÉS A LE HÉRIE

1179. — Willaume, abbé de Saint-Michel, *de sarto*, déclare que l'abbaye de Saint-Nicolas-des-Prés (2) doit à son monastère une rente de quatorze jalois de froment pour cession de diverses portions de terrain, savoir : quatre jalois pour trois petits jardins dont l'un est situé dans la cour (ferme) même de Le Hérie, et les deux autres en dehors de la dite

(1) Ferme du territoire de Puisieux. C'était autrefois une paroisse dont la cure appartenait à l'abbaye de Saint-Martin-de-Laon ; elle a été réunie à Puisieux par ordonnance du 2 juin 1819.

(2) Saint-Nicolas-des-Prés. Abbaye de l'ordre de saint Benoît fondée vers 1085, au bord de l'Oise, sur le territoire de Ribemont.

cour, et dix jalois pour des portions de terre qui faisaient partie de la dot de l'autel de Le Hérie. La redevance se paiera entre les mains des religieux de Saint-Michel au jour de la fête de saint André. — Fait en l'an 1179.

158. — Page 225

DES AUTELS DE WIMY ET DE DAGNY CÉDÉS A L'ÉGLISE DE SAINT-MICHEL, EN ÉCHANGE D'UNE RENTE DE QUINZE SOLS QUI LUI ÉTAIT DUE A L'OCCASION DE LA CRÉATION DE LA GRANGE DE HOUSSET ; — DU MOULIN DE FLAVIGNY

1142. — Barthelemy, ministre indigne de la sainte église de Laon, fait connaître à tous qu'au moment où les frères de Thenailles (1) voulaient élever une ferme à Housset, Jean, abbé de Saint-Michel, leur abandonna, moyennant un cens annuel de quinze sols de bonne monnaie, plus deux sous pour le curé de la paroisse, tout ce qu'il possédait sur les dîmes tant de la terre que de la nourriture ; que cette concession fut faite sans aucune réserve ; à la condition cependant que les terres que Thenailles pourrait acheter par la suite dans le voisinage de la ferme ne seraient pas soumises à la même loi. *Wido*, alors doyen de l'église de Sainte-Marie de Laon et son chapitre, voulant affranchir Thenailles de l'obligation de cette rente, donnèrent en échange à Saint-Michel les autels de Wimy et de Dagny.

Barthélemy termine cette charte en disant que Yobert de Guise, chanoine de Laon, ayant remis entre ses mains l'autel et la maison (*casam*) de Flavigny, sur laquelle Guillaume d'Eppes avait droit chaque année à un muid de froment, il a, sur les instances du dit Guillaume, de sa femme et de ses enfants, affecté cette rente aux besoins de l'église pontificale. — Fait à Laon en l'année 1142.

159. — Page 227

DE L'ÉCHANGE FAIT ENTRE SAINT-MICHEL ET THENAILLES DE LA MAISON DE ROUGERIES, CONTRE UNE VIGNE APPELÉE CARA RES

(....) — Gauthier, évêque de Laon, déclare qu'en l'an de l'incarnation

(1) Thenailles. Abbaye de Prémontrés fondée en 1130 par Barthélemy dans le voisinage de Vervins.

du Verbe 1148, les églises de Saint-Michel et de Thenailles, du consentement de leurs chapitres, ont fait entre elles l'échange suivant, savoir : l'église de Saint-Michel abandonne à Thenailles, pour les posséder à perpétuité, les terres qui lui appartenaient situées entre Estraon, Albigny et Gérigny (1), la terre de Bastrevalle, la terre que les religieux de Thenailles ont défrichée sur le territoire de Chevennes, la terre dite de la Castellerie, les terres de Roquemont (2), la terre appelée la Petite Vigne, la terre de l'entrée (*de atrio*), ainsi que le champ qui se trouve devant la porte de Harbes. En échange, l'église de Thenailles donne à Saint-Michel la moitié de la case (*casam*) de Rougeries et la moitié de la vigne appelée *cara res* pour les posséder également à perpétuité. Les parties conviennent aussi que Thenailles n'occupera aucune autre terre de l'abbaye de Saint-Michel sans le consentement de celle-ci et qu'elles se garantissent réciproquement la possession des échanges, si quelqu'un venait à les contester. — (Sans date [3]).

160. — Page 228

DE DIX-HUIT JALOIS DE FROMENT A PRENDRE SUR LA GRANGE DU TERRAGE DE CHEVENNES ; — DES DROITS QUE SAINT-MICHEL POSSÈDE AU MÊME LIEU ; — DE LA DIME DE HOUSSET, ETC.

1187. — Charte de Raoul de Housset par laquelle il reconnaît que Willaume, abbé de Saint-Michel, du consentement de son chapitre, lui a abandonné, pour en jouir comme par droit héréditaire, tout ce que son église possédait sur le territoire de Chevennes, à l'exception de ce qui est du domaine de l'autel, moyennant dix-huit jalois de froment, mesure de Marle, que lui et ses héritiers s'engagent à payer chaque année à l'abbaye. Dans le cas où le village viendrait à être détruit, il cesserait de payer ce trécens et Saint-Michel rentrerait dans son droit. Les religieux pourront avoir dans le village une maison libre de tout impôt, dans laquelle ils entretiendront un serviteur chargé de garder leur chose dans la grange

(1) Gérigny, ou Gergny, hameau dépendant autrefois de Thenailles, qui en conserve le souvenir dans la dénomination du bois de Gergny.
(2) Roquemont dépendait du territoire de Housset.
(3) Gauthier, auteur de cette charte, successeur de Barthélémy, gouverna le diocèse de Laon de l'année 1151 à l'année 1155.

commune où on range le terrage du village. Raoul reconnaît en outre que pour le repos de l'âme d'Ozilie, sa mère, il a donné à l'église de Saint-Michel un demi-muid de froment, mesure de Marle, à prendre chaque année sur ses dîmes de Housset. — Fait l'an 1187.

161. — Page 229

D'UN DEMI-MUID DE BLÉ ACQUIS DU SEIGNEUR DE HOUSSET SUR EBOULEAU

1245. — Maître Clément de Saint-Germain, chanoine, et Henri de Imbert, official de Laon, constatent qu'en leur présence Jean, seigneur de Housset, et Isabelle sa femme, fille de Gobert de Maucrues, ont vendu à l'église de Saint-Michel un demi-muid de froment, mesure de Pierrepont, sur le territoire d'Ebouleau (*des Bouliaus* [1]), moyennant la somme de onze livres parisis, dont elle se reconnaît pleinement satisfaite. — Fait l'an 1245 au mois de mars.

162. — Page 230

DE TROIS JALOIS DE TERRE APPARTENANT A LA DOT DE L'AUTEL DE WOHARIES, DONNÉS POUR DIX JALOIS DE BLÉ ET SIX DENIERS DE RENTE ANNUELLE

1231. — Jean du Temple, official de Laon, constate que l'abbé et le couvent de Saint-Michel ont cédé au seigneur Wichard de Waheries, chevalier, une pièce de terre contenant environ trois jalois située près du temple (*prope templum*) de Waheries et qui dépendait de la dot de l'autel, à la condition que le dit Wichard rendra chaque année et perpétuellement à la dite église deux jalois de blé mesure de Marle, — à prendre sur sa grange de Waheries, plus six deniers de cens, monnaie de Laon, en reconnaissance des droits de la dite église. — Fait l'an 1231, au mois de mars.

163. — Page 231

D'UN DEMI-MUID DE BLÉ ET D'UN DEMI-MUID D'AVOINE A PERCEVOIR SUR HAUDREVILLE

1224. — J..., abbé de Fesmy, reconnaît que son monastère est redevable envers Saint-Michel de six jalois de blé bien vanné et d'autant d'avoine, à

(1) Ebouleau, commune du canton de Sissonnes.

prendre chaque année sur sa grange d'Audreville au jour de la Toussaint, tant qu'il n'aura pas acquitté douze livres blanches et dix sous de même monnaie dont il est débiteur. — Fait l'an 1224.

164. — Page 232

DU DROIT DE FAIRE PASSER EN FRANCHISE CENT MUIDS DE VIN SUR TOUTES LES TERRES DU SEIGNEUR DE MARLE

(....) — Enguerrand de Marle, du consentement de Millesinde sa mère et d'Ade sa femme, pour le remède de son âme et de celles de ses ancêtres (*vel etiam sequatium usque ad finem seculi*), accorde à l'église de Saint-Michel le droit de transporter en toute franchise cent muids de vin chaque année sur toutes ses terres. — (Sans date).

165. — Page 232

BARTHÉLEMY, ÉVÊQUE DE LAON, CONFIRME LES DROITS DE FRANCHISE ACCORDÉS A SAINT-MICHEL PAR ENGUERRAND DE LA FÈRE

1147. — Barthélemy, évêque de Laon, approuve et confirme les droits de franchise sur tous ses domaines, pour le transport de cent pièces de vin, chaque année, accordés à Saint-Michel par Enguerrand de La Fère (1), sur le point de partir pour Jérusalem avec le roi de France. — Fait à Laon en l'année 1147.

166. — Page 233

DE LA FRANCHISE ACCORDÉE A SAINT-MICHEL PAR RAOUL DE COUCY DE TRANSPORTER CENT MUIDS DE VIN SUR SES DOMAINES

1190. — Raoul, seigneur de Coucy, déclare que, pour le salut de son âme, de celles de ses prédécesseurs et de ses successeurs, avec le consentement d'Aelide sa femme et de ses enfants, il a accordé à l'église de Saint-Michel, à titre d'aumône, le droit de transporter chaque année cent muids

(1) Enguerrand II, sire de Coucy, fils de Thomas de Marle, est désigné indistinctement, dans les chartes du temps, sous les noms d'Enguerrand de Marle, de La Fère et de Coucy.

de vin en franchise sur toute l'étendue de ses domaines. Il rappelle dans sa charte qu'Enguerrand, son vénérable père, avait déjà accordé aux religieux la même franchise pour cent autres muids de vin. — Fait l'an 1190, le 9 des calendes de juillet.

167. — Page 233

DE LA GRANGE DE COLONFAY QUI DOIT ÊTRE RÉPARÉE ET ENTRETENUE PAR LA DAME DE PUISIEUX

1348. — Charte en langue vulgaire de Jehanne de Puisieux, demiselle d'Ohies, de laquelle il appert que le terrage de Colonfay appartient à elle et à Saint-Michel-en-Therace en la manière qui ci-après s'ensuit : « C'est assavoir que la dite eglise a et prend par chacun an sur le dit terrage, premier et avant part, chinq muids de blé et li sourplus tant de blé comme de tous autres grains sont et appartiennent moitié à moitié par égales portions à elle et à la dicte esglise ; et li estraine, la paille et li hautons (1) appartiennent à elle seule et pour le tout. » La grange de Colonfay ayant été arse et destruite par les guerres, les religieux affirmèrent que c'était à la dame de Puisieux de faire nouvelle grange à ses frais pour les dits terrages entasser ; celle-ci soutenait que les religieux devaient y être pour moitié. Après de longs débats et consultations, Jeanne de Puisieux finit par reconnaître que c'était à elle seule à refaire nouvelle grange toutes fois que elle faut et la refaire et retenir toutes fois que besoin est. — Donné le second jour de joing, l'an de grâce 1348.

168. — Page 235

DU LIEU OU DOIT ÉLEVÉE ET CONSTRUITE LA GRANGE DE GRISEL D'OHIS DANS LA VILLE DE COLONFAY

1361. — Jugement de Agoulaus, sire de Mouchiaus, bailly de la terre de Guise, qui reconnaît que Grisel d'Ohies a le droit d'élever une grange pour y placer son terrage de Colonfay, partout en la dite ville de Colonfay, mais que ce soit une maison ou deus arrière dou clos de la maison dou dit

(1) *Estraine*, chaume. — *Hautons*, menus grains qui restent après le vannage du blé.

Grisel ou à l'autre lez de la rue, ou au lieu qui sera advisé par le chastelain et le receveur de Guise, ou deux autres personnes telles quil plaira au dit Grisel et aux religieux de Saint-Michel. — Fait le huitième jour de janvier 1461.

169. — Page 236

DE TROIS FERTONS D'ARGENT DUS A SAINT-MICHEL POUR LE LIEU OU A ÉTÉ ÉLEVÉE L'ÉGLISE DE FOIGNY

1122. — Barthélemy, ministre indigne de l'église de Laon, considérant qu'il doit non à ses mérites mais à la clémence et à la providence divine le soin de diriger les âmes et les hommes religieux moines (*viros religiosos monacos*), se réjouit d'avoir vu s'établir dans son diocèse ceux du seigneur Bernard, abbé de Clairvaux, dans le lieu appelé Foigny, qui appartenait au couvent de Saint-Michel, avec son autel et toutes ses dépendances. Il fait savoir à tous présents et à venir par quel pacte et quelles conditions ils ont obtenu ce lieu de l'abbé Eilbert et de ses frères. Aussitôt que sur ses instances (*multis precibus*) les religieux de Bernard eurent été autorisés à s'établir à Foigny, moyennant une rente annuelle de trois fertons d'argent, du poids de Cologne (*ad pondus Coloniense*), ils s'engagèrent par reconnaissance, en sa présence et en celle de ses clercs, sous le témoignage de la vérité et la foi monastique, à ne rien rechercher ou recevoir de qui que ce soit, qui pût causer préjudice à Saint-Michel, sans indemnité convenable : il a été aussi convenu que si les religieux de Foigny venaient en dehors de la paroisse, soit près, soit loin de Saint-Michel, à établir une cour ou à cultiver quelque terre, le monastère aurait droit d'y percevoir la dîme suivant le droit ecclésiastique. Barthélemy termine sa charte en invitant les fidèles habitants de la contrée à venir en aide, autant qu'ils le pourront, aux religieux de Foigny, pour l'amour de Dieu, attendu qu'ils ne sont pas venus dans le pays pour ravir ou enlever le bien d'autrui, mais pour se conduire pieusement, et administrer leurs propres biens miséricordieusement et avec charité (1). — Donné à Laon, le 5 des ides de juin l'an 1122.

(1) Non ideo in nostris partibus venerunt, ut aliena capiant vel auferant, sed ut sua et se omnibus pie et misericorditer cum caritate administrent.

170. — Page 238

DE L'AUTEL DE LANDIFAY DONNÉ A SAINT-MICHEL PAR L'ÉVÊQUE DE LAON
EN ÉCHANGE DE CELUI DE FAUCOUZY

1145. — Charte de Barthélemy, évêque de Laon, par laquelle il déclare que Jean, abbé de Saint-Michel, approuvé par tout son chapitre, ayant remis entre ses mains l'autel de Faucousies, avec toutes ses appartenances et dépendances, il en a fait don à Gossuin, abbé de Foigny, et que, pour indemniser Saint-Michel, il lui a abandonnné l'autel de Landifay pour en jouir à perpétuité. Gossuin, abbé de Foigny, a ajouté à ce don celui d'une pièce de terre à toutes roies (*ad omnes rigas*) située sur le territoire de *Tibiis*; il est convenu que si les frères de Foigny venaient à cultiver en dehors de la paroisse de Faucousies, appartenant aux frères de Saint-Michel, les deux monastères se partageraient la dîme. Ils la prendront également tous les deux sur le territoire de *Tibiis*. — Donné à Laon en 1145.

171. — Page 240

DE CINQ MUIDS DE FROMENT A PRENDRE SUR WATIGNY POUR LA DIME
DES AUTELS DE FLIGNY, D'ANY ET DE VILLERS

1155. — Robert, abbé de Foigny, déclare qu'avec l'assentiment de son chapitre et de celui de Saint-Michel il a reçu de cette dernière abbaye toute la dîme des autels de Flignies, d'Any et de Villers, sauf la dot des dits autels (*preter dotem*), moyennant une rente de cinq muids de froment, mesure de Guise, du meilleur après celui de semence, à prendre chaque année au jour de la Toussaint, sur la grange de Watigny. — Fait à Foigny, l'an de l'Incarnation 1155.

172. — Page 241

DE LA DOT DES AUTELS D'ANY ET DE FLIGNY ACCORDÉE A FOIGNY
PAR LES RELIGIEUX DE SAINT-MICHEL

1167. — Williaume, abbé de Saint-Michel, déclare que du consentement de son chapitre il a abandonné aux frères religieux de Foigny demeurant à Watigny la dot des autels de Fligny et d'Any, moyennant une redevance annuelle de deux jalois de froment, du meilleur après celui de semence, à prendre sur la ferme de Watigny, au jour de la Saint-Remy. — Fait à Saint-Michel, l'an 1163.

173. — Page 241

DE SIX MUIDS ET QUATRE JALOIS DE FROMENT A PRENDRE SUR WATTIGNY — DES PATURAGES ET DES AISANCES DE BLICY ET DE WATIGNY ET DE DIVERSES CONVENTIONS PASSÉES ENTRE SAINT-MICHEL ET FOIGNY

1169. — Willaume, abbé de Saint-Michel, et Robert, abbé de Foigny, font connaître que des difficultés qui s'étaient élevées entre eux ont été réglées de la manière suivante : Les religieux de Foigny donneront à l'abbaye de Saint-Michel un muid de froment pour les terres qu'ils ont défrichées nouvellement dans les limites de la paroisse de Landifay et les champs dits de Saint-Pierre de Dorengts, de la Castellerie et de Simon Pilet que les religieux de Foigny prétendaient appartenir à la paroisse de Faucousies, tandis que Saint-Michel soutenait qu'elles étaient du ressort de Landifay. — Les religieux de Foigny donneront à ceux de Saint-Michel deux jalois de froment chaque année pour le petit territoire que les habitants de Duiserler (1) cultivent dans la paroisse de Sains ; la dîme sur les terres labourables appartiendra à Foigny ; — à l'égard des aisances et des pâturages de Blicy et de Watigny, ils demeureront communs aux deux maisons à l'exception du droit de pêche ; dans le cas où l'une des deux parties causerait du dommage à l'autre, la partie lésée sera indemnisée sans jugement, (*sine lege*), toutes les fois qu'elle pourra prouver le dommage dans le délai de quinze jours ; — l'abbaye de Foigny paiera en outre à Saint-Michel deux jalois de froment pour la dot de l'autel de Vileir (*pro dote altariis de Vileir apud Wategnis*) ; si dans la suite elle venait à acquérir d'autres propriétés dans les paroisses dépendantes de Saint-Michel, elle en paiera ce qu'on a coutume d'en tirer. — Fait à Laon en l'année 1169.

(1) *Duiseler*, ancien village aujourd'hui détruit ; il était situé dans la partie nord du territoire de Lemé.

174. — Page 242

DE LA FORÊT SITUÉE ENTRE LES EAUX DE WARTOISE ET DE GRANDRIWEL

1179. — Williaume, par la grâce de Dieu, archevêque de Reims, cardinal du titre de Sainte-Sabine, déclare que voulant mettre un terme aux contestations qui existaient depuis longtemps entre Saint-Michel et Foigny au sujet de la forêt située entre les ruisseaux de Wartoise et de Grandriwel, il a entendu les parties dans leurs observations et allégations, recueilli tous les renseignements propres à lui faire connaître la vérité et, après avoir pris l'avis d'hommes religieux et discrets, il a décidé le procès en faveur de l'abbaye de Saint-Michel. En foi de quoi il a fait revêtir de son sceau le présent acte, dressé à Rome par Alexandre, son chancelier. — L'an 1179.

175. — Page 243

DES PRÉS ET TERRES QUE L'ABBAYE DE FOIGNY A ACQUIS OU ACQUERRA DANS LA SUITE SUR LE TERRITOIRE D'ETRÉAUPONT ; CONDITIONS SOUS LESQUELLES ELLE PEUT LES TENIR ET CULTIVER

1205. — Milon, doyen de Saint-Jean-au-Bourg, Jean de Paris, et Raoul d'Origny, chanoines de Laon, déclarent que les églises de Saint-Michel et de Foigny ont réglé devant eux ainsi qu'il suit les difficultés qui s'étaient élevées entre elles, au sujet des prés et des terres labourables situées sur le territoire d'Etréaupont. Les religieux de Foigny ne pourront posséder sur le territoire d'Etréaupont plus de six moiéés (*modietas* [1]) de pré franches de dîmes et autres droits, à moins qu'ils n'en obtiennent le consentement des religieux de Saint-Michel ; s'ils en possédaient une plus grande quantité, ils seront obligés de la vendre dans le délai d'un an et un jour à partir de l'avertissement qui leur aura été donné. Quant aux onze moiéés de terres labourables que les religieux de Foigny possèdent et peuvent posséder sur le même territoire, ils en abandonneront une à Saint-Michel et se réserveront une moitié et même jusqu'à trois jalois en plus, si cela est nécessaire, pour l'entrée et la sortie de leurs animaux. S'ils cultivent la

(1) *Modietas*, mesure de terre pour laquelle il faut un muid de semence.

terre par eux-mêmes ou par d'autres, ils paieront à Saint-Michel la dîme et le terrage, si la terre reste sans culture ils ne devront rien. — Fait l'an de l'Incarnation du Verbe 1205.

276. — Page 245

ARRANGEMENT FAIT ENTRE SAINT-MICHEL ET FOIGNY AU SUJET DES PATURAGES DE BLISSY ET DE WATIGNY ET DES TERRES D'ÉTRÉAUPONT

1232. — Richer, doyen de la chrétienté d'Origny, maître Etienne, curé de Landouzies, Mathieu, curé de La Capelle, et Rasso, prévost d'Hirson, choisis pour experts à l'occasion de difficultés survenues entre Saint-Michel et Foigny au sujet des pâturages de Bleci et de Watigny et des terres d'Etréaupont, prononcent le jugement suivant qui devra être observé par les parties sous peine d'une amende de cent livres parisis contre les contrevenants. Saint-Michel n'a aucun droit sur le pâturage des bois de Watigny dépendant de la cour de Foigny, sauf l'usage des chemins; il en est de même pour les religieux de Foigny à l'égard des bois de la cour de Blici qui appartient à Saint-Michel. Pour les pâturages en dehors des bois, chaque monastère en jouira en toute liberté suivant l'usage commun sauf les chartes et privilèges que chacun d'eux peut avoir. Ils seront en droit de poursuivre chacun de leur côté les dommages qu'ils pourraient éprouver. En ce qui concerne les terres d'Etréaupont dont les religieux de Foigny refusaient de payer intégralement le terrage, les commissaires décident qu'ils doivent payer à Saint-Michel les droits de dîme et de terrage pour toutes les terres cultivées et annulent les autres prétentions des deux monastères vis-à-vis l'un de l'autre. — Fait l'an 1232, le sixième dimanche avant la fête de saint Pierre-ès-Liens.

277. — Page 247

DES PATURAGES DE BLICY ET DE WATIGNY ET DES TERRES D'ÉTRÉAUPONT

1232. — Mathieu, abbé de Foigny, déclare approuver et accepter la décision rendue par les experts au sujet des pâturages de Blissy et de Watigny et des terres d'Etréaupont

278. — Page 248

DOU BOIS DE COQUINPRIER CONTRE LE CHAMP DE LESTRIF

1366. — Charte en langue vulgaire, par laquelle le bailly de Vermandois reconnaît que les religieux de Saint-Michel n'ont pas droit de couper et de s'approprier les arbres qui poussent dans les chemins du bois de Coquinprier (*Coquinpris*) venant de Watigny à Blissy, près du bout du champ de Lestrif (*champ de Létry*) ; il est convenu que le dit chemin sera divisé à moitié tout au long, et y seront mises bondes au milieu, et auront les dits religieux de Saint-Michel et de Foigny la moitié du dit chemin et lieu, c'est assavoir chacun an lès devers leurs héritages et possessions pour penre et emporter le bois qui sera et croîtra sur le dit lieu. — Fait aux assises de Saint-Quentin tenues le lundi quatrième jour de mai et jour en suivant, l'an 1366.

279. — Page 251

ACCORD CONCLU ENTRE REINIER SEIGNEUR DE GUISE ET L'ABBÉ DE SAINT-MICHEL AU SUJET DE LEURS DROITS RÉCIPROQUES SUR LE VILLAGE D'ÉTRÉAUPONT.

1160. — Gauthier, évêque de Laon, fait connaître à tous que Renier, fils de Renier, seigneur de Guise, a abandonné à l'église de Saint-Michel tout ce qu'il lui réclamait sur le territoire d'Etréaupont, savoir les droits sur le pontonage, sur le moulin, sur l'église et la mairie et tout ce qui en dépend, les droits sur les champs renfermés dans les limites de la haye (*infra haiam constitutis*), sur les revenus des jardins, l'investiture de manses et sur la vente des maisons. Il se réserve l'avouerie de la ville, le four, la morte eau (*mortua aqua*), un pré et deux manses l'une pour lui, l'autre pour son maire (*villicus*). Les manses et les jardins que son maire avait l'habitude de distribuer le seront par le maire de l'abbaye de Saint-Michel. Des dix deniers qui sont dus pour la vente des maisons, Renier en aura quatre, les autres appartiendront à Saint-Michel. La haye pour la sûreté de la ville sera constituée selon la considération de l'abbé et de l'avoué ; ils veilleront à ce qu'elle soit conservée soigneusement. Si un habitant de la ville se transporte dans une autre commune pour y demeurer, l'avoué n'aura rien sur sa maison, sur ses champs, ses prés ou sa manse ; mais si cet homme était poursuivi pour dette ou pour crime, l'avoué aura ce qu'il réclamera, l'église aura le reste. Renier ne pourra aliéner ni concéder à personne le four qu'il a établi avec le consentement de l'église de Saint-Michel, si ce n'est à cette église elle-même. Si au sujet de ces choses Renier venait à inquiéter le monastère de Saint-Michel et si après en avoir été averti, il ne s'était pas amendé dans le délai de quarante jours, il tombera sous le coup de l'excommunication. En foi de quoi le dit Renier donne pour garantie Raoul de Hossel (Housset) et Simon de Ribemont, dont il a épousé la fille (*cujus filiam habebat*). — Fait l'an de l'Incarnation 1160 (1).

180. — Page 252

DES CHOSES QUI APPARTIENNENT A L'ÉGLISE DE SAINT-MICHEL ET A SON AVOUÉ SUR LES TERRITOIRES D'ÉTRÉAUPONT ET DE FLAVIGNY

1187. — Une commission nommée par le souverain pontife et composée de l'évêque d'Amiens, de Gilbert, abbé de Foigny, et d'Aufride, abbé de Clairfontaine, met un terme aux difficultés survenues entre Saint-Michel et Rénier seigneur de Sains, au sujet des revenus et des moulins de Flavigny et d'Estrées; les moulins de Flavigny, qui étaient le propre de l'abbaye, seront désormais possédés en commun par Saint-Michel et Renier de Sains ; ils s'en partageront les revenus aussi bien que les charges d'entretien et de reconstruction. Chacun d'eux fournira la mouture (*dabit molituram*) et les instruments nécessaires à la pêche qui se fait autour des dits moulins. Tous les deux percevront sur Flavigny-le-Petit (*in parvo Flavegniaco*) les droits de vente et de forage dans la proportion de la part d'alleu qu'ils possèdent. La même convention s'applique aux moulins d'Etréaupont dont les revenus et les dépenses seront partagés également;

(1) Cette charte, rapportée dans les *Documents inédits sur la Picardie* publiés par M. de Beauvillé, tome Ier page 4, contient les signatures ci-après, qu'on ne trouve pas sur la charte du Cartulaire de Saint-Michel : Robert, abbé de Foigny, Richard, abbé de Saint-Nicolas-des-Prés, Gonthier, prêtre, maître Pierre Auvin, Hugon Lefel, Théodoric, abbé de Saint-Michel, Albéric, abbé de Thenailles, Gilbert, autrefois abbé de Bucilly, Albert et Guillaumes, prêtres moines, Arnoul et Renaut, chevaliers, Simon de Ribemont et Raoul de Houssel.

en récompense de quoi le dit Renier abandonne à Saint-Michel les droits de stellage et de thonlieu qui lui appartiennent sur Estrées et Froidestrées (*fracta streia*); à ces conditions l'abbaye lui pardonne sa faute autant qu'il est en elle. Renier s'engage par serment à observer rigoureusement ce traité et promet de n'aliéner sa part des moulins, de quelque manière que ce soit, qu'en faveur de Saint-Michel. — Est à savoir encore que dans cette même ville d'Etréaupont Reñier possède deux manses libres, l'une pour lui, l'autre pour son serviteur (*servienti*) ; quant à la manse située près de l'église et au sujet de laquelle il avait tourmenté les moines, elle demeurera libre entre les mains de ces derniers, moyennant la concession faite par eux à Renier dans le pré Gumeri (*in prato Gumeri*). Les maisons des fours du seigneur seront libres, à la condition cependant que s'ils venaient à être occupés, l'église de Saint-Michel percevrait ses droits des habitants. La restauration et l'entretien du pont qui est au milieu de la ville et que le seigneur exigeait de l'abbaye seront à sa charge et on lui concède pour cela le droit d'acquérir sur le territoire deux charrues de terre chacune de vingt et un muids de semence à la mesure de Guise ; — il est également permis au seigneur d'avoir un moulin sur le ruisseau de Sommeron, mais les habitans d'Etréaupont ne pourront y moudre leurs grains qu'autant que le moulin de leur ville serait hors d'état de travailler pour quelque cause que ce soit. Il pourra avoir aussi sur le même ruisseau trois viviers, mais il paiera pour cela à l'église de Saint-Michel quatre sols de bonne monnaie, chaque année, au jour de la fête de saint Jean-Baptiste.

Renier se déclare en outre gardien des trois portions de bois que l'abbaye possède en dehors de la haye à condition que tout ce qui sera trouvé d'utile sur leur superficie sera partagé par moitié entre les propriétaires et lui, à l'exception des amendes sur les délits qui lui appartiendront pour sa garde. Si ces bois venaient à être défrichés, la superficie se partagerait entre l'abbaye et Renier, l'abbaye seule percevrait la dîme et le terrage des cultivateurs qui tiendraient la terre. Renier retient pour lui et ses héritiers ses droits d'avoué et tout ce qui en dépend, sa haye, ses fours, la morte eau, son pré, sa portion du stalage et ses droits de justice. — Fait avec l'assentiment de ses fils l'an 1187.

181. — Page 255

DE LA FONDATION DE LA CHAPELLE D'ESTRÉES

1190. — Guillaume, abbé de Saint-Michel, déclare que Renier seigneur de Sains, du consentement d'Isabelle sa femme et avec son approbation, comme patron de l'église d'Estrées, et celle de Hugo doyen, alors curé, a fondé une nouvelle chapelle à Estrées et que, pour le repos de son âme, de celle de sa femme et de celles de ses prédécesseurs, il a assigné, pour l'entretien de cette chapelle, un revenu de quarante sols monnaie de Laon à prendre sur son stellage d'Estrées, quatre livres de même monnaie à prendre sur ses revenus d'Estrées le lendemain de la Nativité, plus quatre autres livres, même monnaie, à la fête de la Saint-Jean. Rénier et sa femme désignent pour desservir cette chapelle un sieur Pierre que personne ne pourra déplacer, les fondateurs seuls auront le droit de le remplacer s'il venait à mourir. Après le décès des fondateurs et du dernier titulaire, Saint-Michel aura la faculté de pourvoir au service de la chapelle comme il lui conviendra. — Fait l'an 1190.

182. — Page 256

DE LA CONFIRMATION DE LA CHAPELLE D'ESTRÉES

1243. — Egidius, seigneur d'Estrées, confirme la fondation de la chapelle d'Estrées faite par Renier son très-cher père autrefois seigneur de Sains. Il veut qu'elle appartienne à perpétuité à l'abbé de Saint-Michel qui pourra toujours y présenter, sans contradiction, mais avec l'approbation de l'évêque de Laon, la personne qu'il jugera convenable pour la desservir. — Fait l'an 1243 au mois de mars.

183. — Page 257

DE LA MAISON DE WILLAUME CURÉ D'ESTRÉES, DONNÉE A SAINT-MICHEL

1235. — N.... official de Laon déclare que Willaume curé d'Estrées a en sa présence reconnu avoir donné à l'église de Saint-Michel, en aumône perpétuelle, la maison et la manse qu'il possède près de l'église de la dite ville et qu'il avait achetées de Broard et de Béatrix sa femme. L'abbaye n'entrera en jouissance qu'après son décès.

184. — Page 257

DE L'ABANDON DES DROITS SUR DEUX PIÈCES DE TERRE DU TERRITOIRE
D'ESTRÉES FAIT PAR VIVIEN COISNON

1239. — L'officialité de Laon déclare que devant sa juridiction, Vivien de Estrées, dit *Coisnon*, a abandonné à l'église de Saint-Michel tous les droits qu'il pouvait avoir sur deux pièces de terre situées sur le territoire d'Estrées qu'Hérésinde autrefois sa femme et converse de l'abbaye a léguées à la dite maison. Il déclare approuver et avoir pour agréable le don fait par sa femme, et fait le serment que ni lui ni les siens n'inquiéteront l'abbaye dans l'avenir à ce sujet et qu'ils la défendront au contraire contre tous.

185. — Page 258

DE DEUX MOIÉES (MODIETAS) DE BOIS DONNÉES A SAINT-MICHEL PAR
EGIDIUS SEIGNEUR D'ESTRÉES

1224. — Egidius avoué d'Estrées déclare que du consentement d'Elisabeth sa femme, pour le repos de son âme et de celles de ses prédécesseurs, il a donné à l'église de Saint-Michel deux moiées de bois à la mesure de Guise, situées entre Foigny et Gérigny, qu'il tenait en fief de son seigneur Watier comte de Blois. Ces bois seront possédés à perpétuité par Saint-Michel qui devra les défricher et les rendre libres dans le délai de six ans. — Fait l'an 1224 au mois de décembre.

186. — Page 259

DE LA DIME DES PRÉS DU SEIGNEUR EGIDIUS ET DE DIVERSES AUTRES
CONVENTIONS PASSÉES ENTRE LUI ET L'ABBAYE DE SAINT-MICHEL

1235. — Egidius, avoué d'Estrées, déterminé par le conseil d'hommes probes, reconnaît qu'il doit à l'abbaye de Saint-Michel et au curé d'Estrées la dîme intégrale de tous les prés qu'il possède ou possédera sur le territoire d'Estrées, et qu'elle devra être payée soit par lui soit par ceux qui la tiennent. — Il donne son consentement à l'acquisition faite par Saint-Michel de la maison de maître Willaume, curé d'Estrées, laquelle provient d'Herbert d'Harcigny. L'abbaye pourra combler le fossé qui existe entre la dite maison et l'église d'Estrées, elle aura également le droit de faire des fossés dans ses manses, partout où elle le jugera convenable, mais ne pourra pas y établir forteresse *(preter fortericiam)*.

Conformément aux anciennes chartes, Egidius pourra avoir dans la ville d'Estrées deux manses libres l'une pour lui l'autre pour son serviteur et en récompense de l'assentiment qu'il a donné à l'acquisition du presbytère de Willaume, Saint-Michel lui cède la masure *(masuram)* provenant de Somelon, le jardin d'Arnould de Hauteville au-delà des fossés vers Aubenton, l'île avec son tenement qui fut à Gérard le Pêcheur, depuis les fossés jusqu'à Aubenton, le tenement *(tenementum)* qui fut à Osanne le Pêcheur, le reste de la masure de Hugues Leclerc et le jardin qui vient de Vidéle le Rossel, afin de les posséder librement indépendamment de sa manse du pré Gomeri et de celle de son serviteur. Egidius aura aussi le droit de tenir le vivier qui est au dessus du Mauvinage *(malum vinagium)*, moyennant un cens d'un denier, monnaie de Valenciennes, à payer à l'abbaye le jour de la saint Jean-Baptiste. Il aura aussi la liberté de la pêche, à deux verges au-dessus de l'eau morte, depuis Aubenton jusqu'à la jonction du ruisseau avec l'Oise. Enfin l'abbaye lui accorde la faculté de se rendre acquéreur du pré provenant d'Arnould Flamainc. Le seigneur avoué s'engage avec ses deux fils Jean et Egidius à observer scrupuleusement toutes ces choses par serment. — Fait l'an de grâce 1235 au mois de mars.

187. — Page 262

CONFIRMATION DES CHOSES ÉNONCÉES EN LA CHARTE PRÉCÉDENTE

1235. — Anselme évêque de Laon déclare qu'en sa présence Egidius chevalier, avoué d'Estrées, a reconnu et affirmé vouloir observer toutes les conventions stipulées dans la charte qui précède. — Fait l'an 1235 au mois de mars.

188. — Page ....

DÉNOMBREMENT D'ESTREZ-AU-PONT, EXTRAIT DU CARTULAIRE DES FIEFS DU CONTE DE MARLE AU VI^{xx} ET X FEUILLET CE QUI S'ENSUYT ET EST POUR L'ADVOUÉ DUDIT ESTREZ.

1372. — Sachent tuit que je Andrieus de Bournonville chevaliers ayans le bail et administration de la terre d'Estrez sur l'Oise de Aliame Damy,

Jame et Enguerant de Bournonville mes nepveux tient et avient à tenir à la dicte cause en foy et hommage de mon grant et redoubté seigneur, monsieur de Coucy, à cause de son chastel de Marle, les parties qui s'ensuyent. Premier, la maison, le mote, les chaingles d'entour et les fossez ainssy quilz se comprend. *Item* la rivière d'Aubenton et la Pescherie d'icelle movant de la dicte mote, jusque à la rivière d'Oize aussy comme elle se comprent. *Item* la moitié du molin séant en icelle rivière en la valeur de six muyds de blé ou environ chacun an. *Item* xxxiii moiées de terres labourables ou environ en la valeur de v muyds de grains chascun an. *Item* xxxiii jalées de prets fauchables ou environ en la valeur de x livres parisis. *Item* xxxiiii moiées de bois ou environ et la warenne èsdits bois. *Item* environ xl chapons de rente sur plusieurs maisons scéans en la dicte ville. *Item* le tiers d'ung four qui vault par an xx sols ou environ. *Item* les bourgeoisies de la dicte ville en la valeur de l sols ou environ. *Item* sur plusieurs maisons séans en la dicte ville xxx sols de rente ou environ. *Item* les exploits de la mairie en la valeur de lx sols ou environ. *Item* lxx mainages en la dicte ville. *Item* que en la dicte ville et ès lieux dessudis je ai à la cause dicte toute justice haute basse et moyenne et en tous les aisemens et chemins et en tout le territoire mouvant du pont d'Oize jusques au terroire de Fontaines et Laignys et aux aultres marchisseries d'environ. *Item* le fief Jehan Gillart qui vaut xvi sols parisis ou environ. Et se j'avoie aucune chose oublier a mectre en ce présent dénombrement ou se je y avoie trop mis, je fais retenue de mectre ou de roster toutz fois qu'il vienroit à ma congnoiscance. En temoing de ce jay ce présent dénombrement sceller de mon scel qui fut fait et escript le viiie jour du mois de juillet, l'an de grâce mil trois cens soixante-douze.

189. — Page 263

DES DOMMAGES, EXACTIONS ET AUTRES INJURES EXERCÉES ENVERS SAINT-MICHEL ET LES HABITANS DE GERGNY PAR R. SEIGNEUR DE LERZY

(....) Charte sans date par laquelle les abbés d'Hautmont, de Maricelle et de Clairfontaine déclarent que R. de Lerzy, noble homme qui avait été excommunié par contumace, en raison des dommages, exactions et injures exercés par lui envers l'abbaye de Saint-Michel et les hommes de Gergny, sur le territoire de la dite ville, a reconnu ses torts en leur présence et s'est engagé avec son fils, par serment, à les réparer tant qu'il vivrait selon les dires et les appréciations des témoins.

190. — Page 263

DU MOULIN DE WIMY

1195. — Charte par laquelle A. dame de Guise, assistée de ses chevaliers Verriens sénéchal de Guise et Vautier de Proisy, met un terme à des difficultés survenues, au sujet du moulin de Wimy, entre l'abbaye de Saint-Michel d'une part et Robert Picemer tenancier du moulin ; ce dernier prétendait que le moulin lui avait été cédé moyennant un cens annuel, tant qu'il vivrait, avec la faculté de le transmettre à ses héritiers. L'abbé soutenait avec le témoignage du maire et des échevins de Wimy que le moulin avait en effet été cédé à Nicolas père de Robert Picemer, avec le droit de le transmettre à son fils, mais que celui-ci décédé, le moulin devait rentrer sans aucun obstacle entre les mains de l'abbaye. La dame de Guise rend son jugement dans ce sens. — Fait l'an 1195.

191. — Page 264

DE DIX SOLS DE RENTE ACCORDÉS A SAINT-MICHEL PAR MATHIEU DE NEUVE-MAISON

1246. — Mathieu, chevalier, seigneur de Neuve-Maison, déclare avoir donné à l'église de Saint-Michel avec le consentement de Ode sa femme, pour le repos de leurs âmes et de celles de leurs prédécesseurs, dix sols blancs à prendre chaque année, le jour de la Saint-Jean, sur ses revenus de Neuve-Maison. Donation approuvée par Wiard chevalier son fils et Marie sa femme. — Fait l'an 1246.

192. — Page 165

DE LA MAIRIE (MAJORIA) DE GERGNY VENDUE A SAINT-MICHEL

1249. — Acte passé devant l'officialité de Laon par lequel Waltier dit *Hoquars* fils de Hoquars de Gergny près d'Estrées (*juxta Estreiam*), reconnaît avoir vendu à l'église de Saint-Michel moyennant quarante-quatre livres et demie parisis, qu'il a reçues, la mairie de Gergny avec toutes ses dépendances qu'il tenait en fief et hommage de la dite église de Saint-Michel. Il s'engage en outre à ne rien revendiquer des choses dont il vient de se dessaisir et promet par serment de les garantir à l'église de Saint-Michel. — Fait l'an 1249, au mois de février.

193. — Page 267

ACCORD ENTRE L'ABBAYE DE SAINT-MICHEL ET LE SEIGNEUR D'ESTRÉES
AU SUJET DE DIVERS DROITS SUR ESTRÉES ET FROIDESTRÉES

1250. — Des difficultés nombreuses étant survenues entre l'église de Saint-Michel et Jean seigneur avoué d'Estrées au sujet de leurs droits réciproques sur les territoires des villes d'Estrées et de Froidestrées, le seigneur avoué établit, d'après le conseil d'hommes sages, l'accord suivant en forme de règlement que les parties s'engagent à observer fidèlement, sauf pour chacune d'elles les usages et les droits stipulés dans les anciennes chartes et qui n'auraient pas été révoqués et changés par la présente convention, où qui ne la contredisent pas.

L'abbé et le couvent jouiront paisiblement et librement de la dîme et du terrage des terres labourables de quelque manière qu'elles soient cultivées, ils percevront également la dîme et le terrage qu'ils ont coutume de prendre sur les prés ; quant aux autres prés des bourgeois nouvellement mis en culture, nous désirons autant qu'il est en nous qu'ils en reçoivent aussi la dîme et le terrage ; s'il arrivoit que les cultivateurs de ces prés refusassent de payer et que l'abbé et le couvent voulussent poursuivre leurs droits en présence de notre maire et de nos échevins, nous leur rendrons complètement justice par nos maires et échevins d'Estrées et de Fraitestrées. S'ils vouloient poursuivre leurs droits sur les dits hommes devant une autre juridiction, nous ne nous y opposerons en aucune manière et ni nous ni nos héritiers ne chercherons à favoriser les dits hommes en aucune manière ; à l'égard des terres labourables si les cultivateurs (*cultores*) ne payoient pas exactement les droits aux religieux nous les contraindrons par notre justice d'Estrées et de Fraitestrées avec deux sols d'amende pour l'abbé et le couvent et douze deniers pour nous en raison de notre justice.

L'abbé et le couvent auront chaque année les revenus des jardins et des maisons d'Estrées et de Fraitestrées, c'est-à-dire de chaque maison et de chaque jardin six deniers qui seront payés au jour de la Saint-Remy chef d'octobre et reçus par le maire de l'abbé en présence des échevins qui devront à cet effet être convoqués par notre maire. Si quelqu'un se refusoit à payer au jour dit, nous et notre maire nous l'en avertirons et il devra deux sols d'amende, ses biens pourront être saisis jusqu'à concurrence de la somme due.

Nous aurons aussi de chaque habitant pour toute maison et courtil que ce soit à Estrées et à Fraitestrées douze deniers de rente qui doivent être payés chaque année, six deniers le jour de la Nativité de Saint-Jean-Baptiste et les six autres le lendemain de la Nativité de Notre-Seigneur ; les débiteurs seront passibles, à défaut de paiement pour chaque terme, d'une amende de trois sols. Si les possesseurs venoient à abandonner leurs maisons et leurs jardins sans avoir payé la rente, soit à nous soit à l'abbé, il nous est permis de faire saisir les dites maisons et jardins, tant à la requête de l'abbé que pour notre propre compte et de les retenir jusqu'à l'acquittement des droits.

Si celui qui a abandonné ses biens ne reparaissoit pas ni ses héritiers dans le délai d'un an pour payer la rente et les droits de justice, la propriété seroit alors louée pour deux ans le plus avantageusement possible, soit par nous, soit par l'abbé et le couvent, soit par nos maires qui recevront les rentes et amendes et remettront le reste au propriétaire de la chose, s'il est de retour dans le délai de trois ans. Ce terme expiré l'abbé et le couvent, en tenant compte de nos intérêts comme des leurs, pourront livrer les dites maisons et jardins à d'autres habitans. Il est bien entendu que les dits abbé et couvent ne livreront ces maisons et jardins aux habitans d'Estrées et de Fraitestrées qu'avec l'intervention régulière des échevins des dites villes.

S'il arrivoit que l'abbé et le couvent de Saint-Michel fussent obligés d'acheter quelque terre pour livrer à d'autres les dites maisons et jardins, nous et notre maire nous serons tenus d'en avertir celui dont la terre la plus voisine et la plus utile seroit dans le cas d'être acquise pour la formation des dites maisons et jardins ; le prix en sera débattu justement en présence des échevins des localités où elles seront situées.

Les dits abbé et couvent auront chaque année le jour de la Saint-Jean-

Baptiste sur les prés des territoires d'Estrées et de Fraitestrées un cens qui sera reçu par leur maire en présence des échevins des dites villes, qui seront convoqués par nous ou notre maire (*major*).

Si quelqu'un se refusoit à acquitter le dit cens, nous et nos successeurs serons tenus de le forcer à payer, il devra deux sols d'amende, plus douze blancs qui nous appartiendront pour notre justice. Sur le territoire d'Estrées, sur celui de Fraitestrées nous ferons rendre les revenus, chapons, amendes et droits de justice accoutumés.

L'abbé et le couvent auront la moitié du stalage et du tonlieu dans Estrées et dans Fraitestrées et notre chapelain aura l'autre moitié. Si quelqu'un se refusoit à payer ces droits, nous le traduirons devant notre justice et nous aurons les amendes.

La collation de notre chapelle établie dans notre maison d'Estrées et la présentation à la dite chapelle appartiennent à l'abbé et au couvent.

Ils auront et tiendront à perpétuité et en toute franchise la maison qu'ils possèdent à Estrées ainsi que celle qu'ils tiennent de Willaume autrefois curé, avec tout le pourpris de chaque manoir telle que s'étend la clôture de chacun d'eux et le fossé qui va depuis la rue qui est au-dessus de l'église jusqu'à la rivière d'Aubenton.

Pourront aussi avoir les dits abbé et couvent de Saint-Michel dix moiées (*modietas*) de terres labourables et cinq moiées de pré compris les terres et prés qu'ils possèdent déjà, et pas davantage ; en échange nous pourrons avoir vingt chapons sur les quatre propriétés ci-après, savoir : sur la maison que tient Théodebald le bourreau (*carnifex*), sur la maison que tient Renaud le pêcheur (*peccator*), sur celle que tient André mari de Aye de Barra, et sur celle que tient Etienne Torotte. Sur ces quatre maisons l'abbé et le couvent auront chaque année le jour de la fête de saint Remy un denier blanc de cens avec deux sous pour les amendes, comme il est stipulé à l'égard des autres cens.

Nous pourrons aussi avoir au territoire d'Estrées six moiées de prés, compris ceux que nous avons déjà et pas plus, nous en paierons la dîme à l'abbé et au couvent. Nous pourrons également avoir sur le même territoire quarante-deux moiées de terres labourables, compris celles que nous avons déjà, mais pas plus, elles devront la dîme et le terrage à l'abbaye comme les autres terres en culture.

L'abbé et le couvent auront la moitié de tous les produits du moulin d'Estrées, sauf la pêche que nous réservons pour nous et nos successeurs, l'autre moitié nous appartiendra et à nos héritiers. Seront tenus nous et les dits abbé et couvent de pourvoir à toutes les dépenses nécessaires pour les réparations et l'entretien du dit moulin; nous devrons le tenir dans l'état où il est où l'améliorer si cela est nécessaire. Nous ne pourrons vendre notre portion du dit moulin où l'aliéner de quelque manière que ce soit, si ce n'est entre les mains de l'abbé et du couvent; il en sera de même de ces derniers qui ne pourront se dessaisir de leur portion qu'en notre faveur.

Sont tenus l'abbé et le couvent de donner le terrain pour l'établissement des voies et chemins dans les villes d'Estrées et de Fraitestrées ; ces dits chemins et voies seront dressés par les maires et les échevins des deux villages et nous serons tenu de veiller à leur conservation. Les amendes pour les délits et les emprises nous appartiendront.

L'abbé et le couvent posséderont à perpétuité les deux moiées de bois contiguës au bois d'Alberic de Courtrisy, sur lesquelles nous n'avons aucune avouerie ni aucun droit de justice. Ces deux moiées de bois avoient été assignées au dit abbé et couvent au moment où notre père avoit vendu au couvent de Foigny les bois contigus.

L'abbé et le couvent auront dans les deux villes précitées les droits d'afforage sur les vins, la bière et toutes les autres espèces de liqueurs potables exposées en vente, ceci excepté que si nous ou notre serviteur voulions faire vendre les mêmes boissons dans les deux maisons que nous avons à Estrées nous ne serons pas soumis aux droits.

Si on trouve sur les territoires d'Estrées et de Fraitestrées un essaim d'abeilles, l'inventeur en aura la moitié, l'autre moitié sera pour nous et pour le couvent.

Les dits abbé et couvent choisiront pour leur maire à Estrées celui qui leur conviendra et le changeront toutes les fois qu'ils le jugeront convenable, à la condition toutefois que celui qui sera chargé de ces fonctions sera un bourgeois résidant dans la ville d'Estrées. Le maire agira envers nous comme envers les autres bourgeois (1). Il fera l'investiture des dites villes et pour chaque investiture, l'abbé et le couvent auront six deniers et nous quatre. Les investitures ne pourront se faire qu'en présence des

---

(1) *Et tantum faciat domino quantum alius burgensis.*

échevins que nous devrons convoquer à cet effet. Le maire devra prêter serment entre les mains de l'abbé, en présence des bons (*coram bonis*).

Auront les dits abbé et couvent le vinage ou pontonnage sur tout le territoire d'Estrées, comme ils sont accoutumés jusqu'à présent, et à cet effet ils seront chargés de tenir le petit pont qui est entre le pont Saint-Michel et le Mauvinage dans l'état où il est où de l'améliorer, ceci réservé que nous aurons les amendes de ceux qui refuseroient de payer le vinage.

Pourront les dits abbé et couvent, notre droit de pêche réservé, faire fossés, pont sur l'eau et clôtures ou murailles, excepté forteresse, dans leurs masures et leurs prés : nous aurons la même facilité dans les nôtres mais de plus nous pourrons faire forteresse si nous le voulons.

Les dits abbé et couvent auront leurs revenus accoutumés dans les dites villes et nous les nôtres.

A nous appartiendront les épaves (*hestraerias*) provenant soit de déshérence ou d'aubaineté, soit de saisie, tant en meubles qu'immeubles sur tout le territoire des dites villes, même sur le tréfonds de Saint-Michel, mais nous serons obligé de nous défaire des immeubles dans l'année s'il arrivoit que nous en obtenions au-delà des quarante moiées de terres et des six moiées de prés que nous sommes autorisé à avoir ainsi qu'il est exprimé plus haut.

Si quelqu'un vient à décéder dans les dites villes d'Estrées et de Fraitestrées sans héritier connu, les maires et échevins des dites villes saisiront les biens du défunt et les garderont pendant un an ; si dans cet intervalle les héritiers se présentent les biens leur seront délivrés, sauf notre droit et ceux du couvent. Dans le cas contraire les biens nous appartiendront à titre d'épaves et nous en jouirons comme il est dit plus haut, sauf les droits du couvent.

Nous et nos héritiers nous tiendrons le vivier qui est situé au-dessus du Mauvinage, moyennant un denier blanc de cens que nous paierons chaque année au couvent le jour de la Nativité de Saint-Jean. Nous aurons aussi le droit de pêche libre depuis la ferme d'Aubenton jusqu'à l'endroit où la rivière se réunit à l'Oise. Nous aurons également la morte-eau.

Indépendamment des six moiées de prés que nous sommes autorisé à posséder, nous pourrons, nous ou nos successeurs, acquérir le pré qui fut à Arnould Flamanc sauf les droits du couvent sur le cens et la dîme.

Nous avons nous et nos héritiers nos fours libres, à condition toutesfois que s'ils venoient à être habités le couvent percevroit ses droits sur les occupans. Nous ne pourrons aliéner les dits fours qu'en faveur du couvent ou de la chapellenie d'Estrées.

Nous avons nous et nos successeurs dans la ville d'Estrées un serviteur libre quant à sa personne et deux maisons également libres, une pour nous et une pour notre dit serviteur, mais si celui-ci venoit à acheter quelque masure ou maison elles ne seroient pas libres des droits dus à l'abbé et au couvent.

Indépendamment de ces deux maisons nous avons nous et nos successeurs la masure qui fut à Somillon, le jardin d'Arnould de Hauteville au-delà du fossé vers Aubenton, l'île et le tenement qui furent à Gérard le pêcheur, le tenement qui fut à Osanne, le reste de la masure d'Hugon Leclerc et le jardin qui fut à Widèle le Rossel situé au-delà de notre manse dans le pré Gomeri. Nous pourrons aussi avoir trois viviers sur le ruisseau de Sommeron, sans compter ceux que nous avons déjà, et y faire moulin à condition que les habitans d'Estrées n'y pourront pas moudre leurs grains à moins que le moulin du dit Estrées ne soit pas en état de travailler, et pour les dits trois viviers nous paierons chaque année quatre deniers blancs au couvent le jour de la Saint-Jean-Baptiste.

Nous sommes obligés nous et nos successeurs de faire borner les propriétés par notre maire et nos échevins, sur les territoires d'Estrées et de Fraitestrées. Si nous en sommes requis, quatre deniers nous seront dus pour chaque bonde placée.

Nous devons marquer toutes les mesures des dites villes tant pour le blé, l'avoine, que pour la longueur et pour le vin ; et pour chaque mesure marquée par nos maire et échevins nous aurons quatre sols.

Nous aurons dans les villes d'Estrées et de Fraitestrées nos maires et nos échevins jurés, nous y avons aussi justice haute et basse sur tout le tréfonds et catel (*catellis*) ainsi que sur tout délit, sang, ban, vols et forfaits, ceci excepté que dans la maison et dans tout le pourpris de l'abbé et du couvent dont la clôture s'étend depuis la voie commune jusqu'au cours de l'eau d'Aubenton, d'un côté, et depuis la voie commune qui est contre le pont Saint-Michel jusqu'à la maison de Carle le pêcheur d'un autre côté, nous ne pourrons nous mêler de la justice à moins que nous n'en soyons requis par lesdits abbé et couvent.

Il est à savoir que personne ne peut tenir un héritage dans les dites villes et territoires s'il n'est bourgeois des dites villes.

Tous nos bois qui sont dans le tréfonds de Saint-Michel seront tenus libres comme ils l'ont été jusqu'à présent par nous et nos successeurs.

Il a été convenu entre nous et l'abbé et le couvent que nous pourrions faire un pont derrière notre maison, comme nous l'avons commencé ; et comme l'abbé et le couvent paraissent craindre qu'il n'en résulte quelques dommages pour les prés qu'ils possèdent dans le voisinage, il a été convenu que nous ferions un échange avec les prés que nous avons derrière leur maison ; cet échange se fera verge pour verge, et dans le cas ou notre pré serait plus grand que le leur, ils nous donneront pour chaque jalois en plus cent sols parisis, avec lesquels nous pourrons acheter autant de pré sur le territoire que cette somme nous le permettra. Il est convenu que pendant trois ans nous aurons les foins de notre pré et eux ceux du leur, qu'ils ne pourront pas labourer dans le voisinage du pont. Tous les deniers tant de cens que d'amende et autres, dus à nous et à l'abbé et couvent dans la ville de Fraitestrées seront laonisiens ; ceux reçus dans la ville d'Estrées seront blancs. — Fait à Estrées, l'an de Notre-Seigneur 1250, au mois de janvier.

194. — Page 278

CONFIRMATION DE LA CHARTE PRÉCÉDENTE PAR L'OFFICIALITÉ DE LAON

1251. — Maître Guillaume de Vivières official de Laon fait connaître qu'en sa présence Jean seigneur d'Estrées et Béatrix sa femme ont confirmé de nouveau les conventions faites avec l'abbé et le couvent de Saint-Michel au mois de janvier 1250. Béatrix avec l'assentiment de son mari et sous la foi du serment s'engage particulièrement à n'en rien réclamer sous les prétextes de donations, de dot ou de tout autre motif, et s'engage pour elle et ses héritiers à respecter perpétuellement ce traité. — Fait l'an 1251, au mois d'octobre.

195. — Page 279

DE DEUX PIÈCES DE PRÉS DONNÉES A L'ABBAYE DE SAINT-MICHEL
PAR CLERAMBAULT DIT D'ERLOY ET SA FEMME

1251. — Guillaume de Vivières official de Laon déclare qu'en sa présence, Clerembault dit d'Erloy échevin d'Estrées et Ermengarde sa femme, ont reconnu avoir donné à l'abbaye de Saint-Michel, en pure et perpétuelle aumône, pour le remède de leurs âmes et celles de leurs prédécesseurs, deux pièces de prés situées sur le territoire d'Estrées, la première près du moulin, l'autre derrière les jardins du Mauvinage. — Fait l'an 1251, au mois d'octobre.

196. — Page 280

ACCORD CONCERNANT UN ÉCHANGE DE PRÉS, ENTRE LE SEIGNEUR D'ESTRÉES ET SAINT-MICHEL

1252. — Jean, chevalier, avoué d'Estrées, d'une part, l'abbé et le couvent de Saint-Michel, d'autre part, ayant échangé entre eux une pièce de pré située dans le voisinage de la maison des religieux contre une autre appartenant à ces derniers, située près du pont que le seigneur venait de faire construire derrière sa maison, échange qui devait avoir lieu verge pour verge, sauf une indemnité de cent sols par jalois à donner à celui dont le pré serait plus grand que l'autre, il est reconnu par l'arpentage que le pré du seigneur contient vingt-quatre jalois et trente six verges, tandis que celui des religieux ne contient que vingt jalois et une verge et demie. Jean seigneur d'Estrées reconnaît avoir reçu des religieux la somme de six livres parisis, quatre deniers moins, en argent comptant pour l'indemnité de l'excédant de son terrain ; en conséquence il déclare par l'intermédiaire du maire et des échevins d'Estrées qu'il abandonne aux religieux son pré du Mauvinage pour le posséder perpétuellement, sans aucune espèce de charges. Béatrix, sa femme, renonce en même temps à tous les droits qu'elle pourrait avoir sur le dit pré pour raison de dot ou tout autre motif. Il est entendu également que le seigneur possédera le pré des religieux aux mêmes conditions, sauf les droits de dîmes qui appartiennent aux religieux sur le territoire d'Estrées. — Fait l'an 1252, au mois de mars.

197. — Page 282

ABANDON A SAINT-MICHEL DE TOUS LES DROITS QUE RENIER DE RICHAUMONT ET SES ENFANTS POUVAIENT AVOIR SUR ESTRÉES

1257. — Maître Guillaume de Cepy chanoine et official de Laon déclare qu'en la présence de son cher et fidèle Lambert de Vaux clerc notaire de la curie de Laon, Renier Clere, dit *Folios de Richaumont*, Margue sa femme, Gobain, Isabelle et Bénédicte ses enfants, la dite Bénédicte autorisée par Collard son mari, ont abandonné, par donation entre vifs, sans révocation possible, à l'abbé et couvent de Saint-Michel tous les droits qu'ils ont et qu'ils pourront avoir sur un pré situé près du moulin d'Estrées ainsi que sur la succession, biens, meubles et immeubles de feu Colard, dit *Pipelet*. Renier et Margue sa femme s'engagent à faire ratifier le présent acte par leurs enfants mineurs dès qu'ils auront atteint leur majorité (*cum ad perfectam etatem devenerint*). — Fait l'an 1257, au mois de juin.

198. — Page 284

DE DIX SOLS MONNAIE DE VALENCIENNES DUS PAR CLAIRFONTAINE A SAINT-MICHEL, ET DES AISANCES ACCORDÉES A CLAIRFONTAINE PAR WIDO DE LERZIES.

1157. — Jean abbé de Saint-Michel, du consentement de son chapitre, donne aux frères de Clairfontaine toute la terre située entre le ruisseau et la montagne (*siccum*) de Someron, c'est-à-dire depuis le bout de la terre qu'ils tiennent déjà de Léon son prédécesseur jusqu'à la montagne (*siccum*) de Someron, en droite ligne, moyennant un cens annuel de dix sols monnaie de Valenciennes à payer au jour de la Saint-Michel ; il est aussi question dans cet acte de la donation faite à Clairfontaine par Wido de Lerzies et Mathieu son frère, pour le remède de leurs âmes, de tous les droits qu'ils possédaient sur les terres, bois et pâturages de son avouerie de Gergny. Cette dernière donation est faite en présence de Hugues, Bérard, Renard maire, et Jean curé. — Fait l'an 1157.

199. — Page 285

DE DEUX JALOIS DE BLÉ ET DE DOUZE DENIERS DE VALENCIENNES DUS PAR L'ABBAYE DE CLAIRFONTAINE A L'ABBAYE DE SAINT-MICHEL

1209. — Barthélemy abbé de Clairfontaine déclare que des difficultés s'étant élevées entre sa maison et celle de Saint-Michel au sujet de la dîme de certaines terres qu'il possédait sur Luzoir, ils sont convenus de ce qui suit : notre église donnera à celle de Saint-Michel chaque année au jour de la fête de saint Remy, deux jalois de froment, du meilleur après celui de semence ; cette redevance sera prise sur la cour de Someron et payée à Luzoir. Clairfontaine donnera en outre à Saint-Michel, au jour de la Saint-Michel, une rente annuelle de douze deniers monnaie de Valenciennes. A ces conditions Clairfontaine sera exempt à l'avenir de toute espèce de dîme. — Fait l'an 1209.

200. — Page 286

DE LA REDEVANCE DE VINGT-SIX SOLS DE VALENCIENNES A PAYER
A SAINT-MICHEL PAR L'ABBAYE DE CLAIRFONTAINE

1248. — La somme de vingt-six sols monnaie de Valenciennes à payer par Clairfontaine à Saint-Michel donne lieu à de nouvelles difficultés ; les religieux de Clairfontaine prétendaient pouvoir s'acquitter en monnaie courante, ceux de Saint-Michel prétendaient être payés en monnaie de Valenciennes ayant cours en ce moment. Afin de se mettre d'accord, on choisit deux experts, Jean dit *Tavernier* moine de Saint-Michel et frère Gérard chanoine de Clairfontaine, qui prendront des renseignements, consulteront les anciennes chartes et rendront une décision à laquelle on devra se soumettre sous peine d'une amende de vingt livres parisis. Les experts décident qu'à la place des vingt-six sols monnaie de Valenciennes, dus à Saint-Michel, l'abbaye de Clairfontaine lui paiera à perpétuité, chaque année au jour de la Saint-Michel, dix-neuf sols et six deniers monnaie de Paris ; il ne sera plus question à l'avenir de monnaie de Valenciennes. — Fait l'an 1248, au mois de juin.

201. — Page 287

DE LA CHAPELLE FONDÉE A HIRSON PAR JEHAN D'ENGLEBERMER

1328. — Charte en langue vulgaire par laquelle Gobert, par la permission divine, abbé de Saint-Michel, fait savoir que messire Jean d'Englebermer chevalier a fondé une chapelle en l'église de Heircon en l'honneur de Monsieur Saint Jean-Baptiste et qu'il a affecté dix livres parisis de rente chacun an sur certains héritages séant en la ville et territoire de Herson pour servir à la dite chapellerie, lesquelles dix livres ont été amorties par très haut et très puissant prince et redoutable seigneur messire Guy comte de Blois, sire de Guise et d'Avesnes, pour l'honneur de Dieu et pour le remède de l'âme de lui, et a encore amorti ledit comte, quarante sols au parisis de rente par an, avec les dix livres au parisis comme dessus pour aider à la ditte chapellerie. De rechef a encore messire le comte susdit donné et amorti à toujours, permanablement au dit monsieur chevalier quarante sols au tournois de rente annuelle et perpétuelle à prendre sur les vinages de Heircon tous les ans en deux termes, le premier à Noël et le second à la Saint-Jean-Baptiste, lesquels quarante sols tournois sont pour être offerts à la dite chapellerie et pour toutes ces fondations sont ordonnées trois messes à chanter toutes les semaines à perpétuité pour les âmes des prédécesseurs et successeurs dudit comte et pour l'âme de messire Jean d'Englebermer, damoiselle Mabile, madame Ælis, femme jadis à monsieur Jehan, et pour tous ceux qu'il lui plaira accompagner ; pour les âmes de Jehan et Anlie le Viel, de Vuinchant et de Cholart Coersin, qui, à ès-dite chapelle, ont donné trois esseins de prés tenant aux prés de la maladrerie de Heirson. — Fait l'an de grâce mil trois cent vingt et huit, le mois fête saint Luc évangéliste.

202. — Page 289

DE SEIZE JALOIS DE BLÉ QUE NOUS DEVONS AU MAIRE D'HIRSON

(») — Radulphe abbé de Saint-Michel déclare que son monastère doit chaque année, au jour de la Saint-Remy, à Gobert son administrateur et son maire de Yrecon (*matriculario et majori nostro*) et à ses héritiers seize jalois de redevance, moitié seigle et moitié froment, à prendre sur la grange dîmeresse. Gobert et ses héritiers tiennent cette redevance en fief de l'abbaye. (Sans date.)

203. — Page 289

ACCORD FAIT ENTRE LE CURÉ D'HIRSON ET L'ABBAYE DE SAINT-MICHEL AU SUJET DES DROITS QUE CHACUN D'EUX PEUT AVOIR SUR LA PAROISSE D'HIRSON.

1219. — Afin de mettre un terme aux difficultés qui existaient depuis longtemps entre le curé d'Yrecon nommé Renard et l'abbaye de Saint-

Michel, au sujet de leurs droits respectifs sur la paroisse du dit Yrecon, les parties conviennent de soumettre l'affaire au jugement d'une commission composée de Radulphe abbé d'Aumont, de Robert abbé de Bucilly et de Richer curé de Martigny, chanoine de Bucilly, et de s'en rapporter à leur décision sous peine d'une amende de quarante livres monnaie de Valenciennes. Les arbitres rendent le jugement dont voici les principales dispositions : nous reconnaissons par sentence que la chapelle de Fontaine est mère de l'église d'Yrecon (*Capellam de Fontanis matricem esse ecclesiam de Yrecon*); le monastère aura les deux tiers de la dîme sur les animaux, l'autre tiers appartiendra au curé.

A l'égard de la purification des femmes, le curé aura un cierge (*candelam*) et un denier par chaque femme purifiée, il aura aussi tous les autres cierges qui seront offerts dans le cours de l'année, à l'exception de ceux offerts le jour de la Purification de la Vierge qui seront attribués deux tiers au monastère et un tiers au curé. Les droits sur la bière appartiendront au curé. Quant aux autres droits dus dans le cours de l'année, à quelques exceptions près, ils seront partagés par tiers, deux appartiendront à l'abbaye, l'autre au curé. Saint-Michel aura le droit d'établir sa grange partout où il lui conviendra sur le territoire, pour y recevoir ses dîmes et ses terrages; tant que les récoltes seront communes, le curé aura droit à une portion de cette grange, suivant la mesure du lieu et chacun d'eux aura son gardien qui devra prêter serment de fidélité. La dîme ne sera pas séparée du terrage et le curé aura un batteur de bonne foi. Si quatre voitures sont nécessaires pour rentrer les dîmes et les terrages dans la grange le curé en fournira une ; si trois voitures sont suffisantes, le monastère les fournira pour la première année, le curé en procurera une la deuxième année. Les voituriers de chaque partie prêteront serment chaque année. Pour la perception des menues dîmes, les parties auront chacune leurs gardiens qui prêteront serment de fidélité et n'agiront qu'en présence l'un de l'autre. Comme caution et garantie des choses ci-dessus, sont présentées les personnes ci-après désignées, savoir Raoul Torages, Rasquin, Hugues Ramui, Gobert fils de Ruessinde, Pierard Tartols, Renier Parmentier, Théodebald de Jeanmont et Hugues Parmentier. — Fait l'an de l'Incarnation 1219.

204. — Page 292

DE QUELQUES CONVENTIONS ENTRE L'ABBAYE DE SAINT-MICHEL ET LE SEIGNEUR D'AVESNES, AU SUJET DE LA CHAPELLENIE D'HIRSON

1234. — Vautier seigneur d'Avesnes et comte de Blois déclare que de concert avec les abbé et religieux de Saint-Michel il est convenu de ce qui suit pour le service perpétuel de la chapelle de Ericon. L'abbé et le couvent sont obligés d'établir dans la ville de Ericon deux moines prêtres qui demeureront dans la dite ville en dehors de la forteresse et qui chanteront (cantabunt) à perpétuité pour l'âme de noble dame Marguerite, comtesse de Blois, et pour les âmes de nos prédécesseurs. Nous nous obligeons de notre côté à donner à Saint-Michel pour la nourriture et l'habillement d'un de ces moines, cinq muids de blé, mesure d'Avesnes, à prendre, chaque année à la fête de Saint-Remy en octobre, sur nos moulins d'Englancourt et cinq muids d'avoine, même mesure à prendre tous les ans sur notre terrage de Ericon au dit jour de Saint-Remy. Nous lui donnons en outre une rente annuelle de cent sols blancs à prendre sur notre vinage de Ericon, savoir : soixante sols pour les vêtements dudit moine et quarante sols pour le luminaire de la dite chapelle. Saint-Michel sera obligé de fournir aux deux moines les autres choses nécessaires. Nous aurons, nous et nos héritiers, la faculté de changer à notre volonté les deux moines et de les faire accepter par l'abbaye bien qu'ils ne soient pas en son obéissance. Les deux moines pourront faire cuire à notre four de Ericon et faire moudre au moulin de l'abbaye dans la même ville, sans payer de droits ; ils auront également le libre usage dans les bois qui nous sont communs avec l'abbaye et qui s'étendent depuis les bois de Watigny, jusqu'à la forêt de Chimay ; de la forêt de Chimay jusqu'à la rivière d'Oise, et de celle-ci jusqu'à notre château de Ericon. — Fait l'an 1234, au mois de juin.

205. — Page 294

CONFIRMATION DE LA CHAPELLE D'HIRSON PAR ANSELME ÉVÊQUE DE LAON

1234. — Anselme évêque de Laon, à la demande de l'église de Saint-

Michel et du comte de Blois, approuve et confirme les dispositions contenues dans la charte précédente. — Fait l'an 1234, au mois de mars.

206. — Page 294

DE ONZE CHAPONS DONNÉS A L'ÉGLISE DE SAINT-MICHEL

1234. — Acte de l'officialité de Laon duquel il appert que Gérard fils de Gérard de Yrecon, a reconnu avoir donné en aumône perpétuelle, à l'église de Saint-Michel, une rente annuelle de onze chapons, assignés sur trois jardins situés à l'entrée de la ville de Yrecon, vers la grande hâye. Lesquels jardins sont tenus par Peronne Lotrix de Yrecon. — Fait l'an 1234 au mois d'août.

207. — Page 295

ARRANGEMENT CONCLU ENTRE L'ABBAYE ET LES HÉRITIERS DE GÉRARD D'HIRSON, AU SUJET DE LA SUCCESSION DE CE DERNIER

1235. — Gauthier d'Avesnes et maître Henri de Villeneuve chanoine de Rozoy, font savoir qu'ils ont été chargés de mettre un terme à un désaccord survenu entre le couvent de Saint-Michel d'une part et Gobert de Yrecon et Lucie sa femme d'autre part. Il s'agissait de dix-huit moiées de terres arables, d'environ vingt jalois de prés, d'une maison avec son pourpris située entre la maison hospitalière de Yrecon et celle de Lambert Paillart, le tout provenant de la succession de Gérard de Yrecon père de la dite Lucie ; il était aussi question du terrage de quinze moiées de terre situées sur le tréfond de Saint-Michel et que le dit Gérard avait tenues en fief de l'abbaye. L'abbé et le couvent revendiquaient ces propriétés, se fondant sur ce que le fils du dit Gérard, portant le même nom que lui et légataire universel de son père, les leur avait données au moment où arrivé à l'âge de discrétion (*annos habens discretionis*) il avait pris l'habit religieux dans leur monastère, ne devant à ses deux sœurs, suivant la volonté de son père qu'une certaine somme d'argent. Gobert et sa femme s'opposaient aux prétentions des moines, soutenant que Gérard n'était pas encore en âge de discrétion lorsqu'il était entré en religion puisqu'il était toujours sous la tutelle du comte de Blois, et que d'ailleurs l'eût-il été, il n'avait pas le droit de donner tout son bien au monastère, mais seulement la moitié selon l'usage pratiqué dans le diocèse.

Les parties n'ayant pu s'entendre, résolurent de remettre la solution du litige entre les mains de Gauthier d'Avesnes et de Henri de Villeneuve et de s'en rapporter à leur décision sous peine d'une amende de cent livres parisis. Les deux arbitres décidèrent que l'abbaye de Saint-Michel aurait et tiendrait le terrage des quinze moiées de terres labourables, qu'elle aurait aussi la maison située entre l'hôpital d'Yrecon et la maison de Lambert Paillart, ainsi que son pourpris, qui s'étend pardevant depuis la voie commune qui conduit de la grande haye directement au pont du château et par derrière jusqu'à la rivière du Gland. Qu'il aurait également environ trois jalois de pré situés contre l'écluse du vivier du comte de Blois et environ deux jalois de pré situés en *Liebermont*. Enfin que tout ce qui pourrait relever du fief du seigneur Egidius, avoué de Saint-Michel, appartiendrait à l'abbaye. — Fait l'an 1235 au mois de juin.

208. — Page 297

QUITTANCE DONNÉE PAR LE SEIGNEUR EGIDIUS AU SUJET DE LA SUCCESSION DE GÉRARD DE ERICON

1235. — Egidius chevalier, avoué de l'église de Saint-Michel-en-Thiérache, déclare qu'il a abandonné librement à la dite abbaye tous les droits qu'il possédait pour raison de fief, ou toute autre cause sur la maison de Gérard de Yrecon sur quatre jalois ou environ de prés et sur onze chapons de revenus annuels qui ont été donnés à l'église de Saint-Michel par Gérard moine de la dite église fils de Gérard, autrefois servant (*serviens*) du seigneur d'Avesnes. Félicité femme d'Egidius approuve la cession faite par son mari et s'engage à ne pas revendiquer les dits droits sous quelque prétexte que ce soit. Fait l'an 1235 au mois de février.

209. — Page 298

DE VINGT CHAPONS DONNÉS PAR LE SEIGNEUR EGIDIUS A L'ÉGLISE DE SAINT-MICHEL

1243. — Egidius, chevalier, avoué de Saint-Michel, déclare qu'avec l'assentiment de Félicité sa femme, il a donné à l'église de Saint-Michel tant qu'il vivra, indépendamment des onze chapons dont il est question dans la charte précédente, vingt chapons à prendre chaque année sur ses revenus d'Yreçon.

Les religieux moyennant cette donation s'engagent à prier pour Egidius et pour sa femme et après leur décès à célébrer chaque année leur anniversaire. — Fait l'an 1243, au mois de mars.

210. — Page 299

DE LA PORTION DU MOULIN DE YREÇON VENDUE A L'ABBAYE PAR HUGUES DIT GOUBES

1242. — Maître Guillaume de Antegny, chanoine, et Clément de Saint-Germain, official de Laon, déclarent qu'en leur présence Hugues dit Goubes, fils de défunt Bernard Goubes de Yreçon, a reconnu avoir vendu à l'église de Saint-Michel la part qu'il avait sur le moulin d'Yreçon, moyennant douze livres blanches qui lui ont été comptées. Beaudouin le lépreux frère du dit Hugues et Hersinde sa mère ont approuvé cette vente et renoncé à tous les droits qu'ils pouvaient avoir sur ledit moulin. — Fait l'an 1242, au mois de novembre.

211. — Page 300

DE LA PAIX FAITE ENTRE SAINT-MICHEL, NICOLAS ET RANSO DE ANY AU SUJET DE FONTAINE

Sachent tous que Nicolas d'Anie et Ranso son frère, avec l'assentiment de Godescale leur seigneur, ont renoncé à toute querelle avec l'abbaye, au sujet de Fontaine, qu'ils ont déposé sur l'autel de la dite abbaye douze châlonnais *(monnaie de Châlons)* le poids d'une voiture de foin et la terre (1), et se sont engagés à défendre la maison contre toute entreprise. Sans date.

212. — Page 300

DE LA VILLE DE BOURLERS ET DE SES DÉPENDANCES RENDUES A SAINT-MICHEL PAR ALARD SEIGNEUR DE CHIMAY

1202. — Alard seigneur de Chimay déclare qu'en présence de l'évêque

___
(1) *Sic.*

— 122 —

de Liège, il a rendu à l'abbaye de Saint-Michel la ville de Bourlers (1) et ses dépendances que Radulphe abbé du dit monastère avait été obligé d'aliéner autrefois à son père ; il la rend avec tous ses droits et toutes ses libertés, telle que son père l'avait reçue, et les moines en jouiront désormais et à toujours. — Fait à Couvin l'an 1202.

213. — Page 301

CONFIRMATION PAR L'ÉVÊQUE DE LIÈGE DE LA RENTRÉE DE BOURLERS DANS LES MAINS DE L'ABBAYE

1202. — H... évêque de Liège confirme la remise faite en sa présence, par Alard de Chimay, de la ville de Bourlers entre les mains des moines de Saint-Michel qui l'avaient aliénée autrefois. — Fait à Couvin en 1202.

214. — Page 302

DES DROITS QUE L'ÉGLISE DE SAINT-MICHEL ET LE SEIGNEUR DE CHIMAY PEUVENT AVOIR DANS LA VILLE DE BOURLERS

1224. — Afin de mettre un terme aux longues discussions et difficultés qui avaient déjà eu lieu entre le couvent de Saint-Michel et Alard seigneur de Chimay et avoué de Bourlers, Roger de Chimay son fils, après avoir pris conseils de bonnes et discrettes personnes, Raoul autrefois doyen de Chimay et Jean curé de Wignehies établissent le réglement suivant que les parties s'obligent à observer sous peine d'une amende convenue.

Le couvent de Saint-Michel aura la cinquième partie des produits de la forêt de Bourlers, tant à l'intérieur de la haye qu'à l'extérieur, les quatre autres portions appartiendront au seigneur de Chimay. Mais le fond tout entier sera la propriété du couvent. La maison de Bourlers, qui est au couvent, sera exempte des droits pour ses animaux en ce qui concerne la forêt. Mais la taille, les assises, la justice, le droit de pâturage dans les bois, la garde des forêts, la main-morte, appartiendront au seigneur de Chimay, sauf deux deniers qui seront payés au couvent pour chaque main-morte. Tous les autres droits, savoir : les chapons, les poules, le revenu des jardins, le cens sur les prés et terres, la corvée, le terrage et la dîme appartien-

(1) Village situé dans le voisinage de Chimay.

dront à Saint-Michel. L'abbaye percevra le droit de tonlieu pendant quatre jours de la semaine, et le seigneur de Chimay pendant les trois autres jours. Indépendamment du personnel (*familia*) de sa maison de Bourlers, l'abbaye pourra avoir un serviteur, moine ou autre, pour la surveillance de ses intérêts. Si les cultivateurs enlèvent leurs gerbes avant la perception du terrage, ils seront soumis à l'amende, dans le délai de quinze jours, sur la réquisition du seigneur de Chimay Le petit bois qui est en dehors de la haye, du côté de Bourlers, sera abandonné, une partie pour être défrichée, une portion pour servir aux aisances des habitants, et la troisième partie pour servir à la défense de la grande haye. Si les hommes de Bourlers laissaient inculte la portion défrichée, l'abbaye pourra la cultiver et en recueillir les fruits sans aucun empêchement de la part du seigneur. Il en sera de même dans le cas où faute de colons, le terrain resterait en friche ; mais si les héritiers des colons ou toutes autres personnes venaient à réclamer la terre, l'abbaye serait obligée de la livrer, sauf ses droits pour les travaux qu'elle aurait exécutés. — Fait l'an 1224.

215. -- Page 305

D'UNE TERRE ET D'UN PRÉ SUR BOURLERS VENDUS PAR Mᶜ JACOB CURÉ D'AUBENTON

1236. — Charte de A... évêque de Laon qui constate que Mᶜ Jacob curé d'Aubenton a cédé à l'abbaye de Saint-Michel environ trente journaux (*jornalia*) de terres labourables, un pré et un jardin situés sur le territoire de Bourlers, sur le tréfond de la dite abbaye, plus un journal de terre sur le territoire du seigneur de Chimay, avec tout ce qu'il peut posséder en jardins, prés et terres dans les limites des paroisses de Bailues et de Borler. Et qu'en échange de cette cession il a reçu de Nicolas, autrefois abbé du monastère, pour la durée de son existence, une rente annuelle de quatre muids de blé et de quatre muids d'avoine mesure d'Aubenton, à prendre dans l'octave de la Toussaint sur les grosses dîmes que l'abbaye possède à Buirefontaine. Dans le cas où ces dîmes seraient insuffisantes pour acquitter la rente, son complément serait prélevé sur les dîmes de Leuze. — Fait en 1236 au mois de juin.

216. — Page 329

ARRANGEMENT ENTRE L'ÉVÊQUE DE LAON ET SAINT-MICHEL AU SUJET
DE LA PAROISSE DE DOHIS

1185. — Roger par la grâce de Dieu évêque de Laon faisons assavoir que nous qui l'avouement de Dohis (1) par droit de patrimoine avions et li abbé de Saint-Michel de qui le fons estoit, feimes que toutes les terres et les rentes qui preinent en ce lieu, communames entre nous perdurablement, fors que la justice qui toute nous remainst après le de l'asentement cet abbe, car nous vausimes la ville amioudier, otroiames et crentames as habitans naturaux et as etranges, les lois et les coustumes de Vermandois. En telle maniere que nostre homme qui chevaiges av ient devant deu et leur sievant leur chevaiges ades rendront en l'Anonciation dominique. Et li homme l'abbe ensement en la feste Saint-Michiel. Nostre homme mesment et li homme l'abbe et li autre naturel paierons par an ungs chascuns un jallois d'avoine en la feste Saint-Martin ungs chacuns et tous ensemble.

Cest assavoir de nos hommes et des hommes l'abbé et des estranges paiera par an deux chapons entre Noel et la Chandeliore, et tout ce Renaud nos freres sires de Rossoy et ses fils Robert eurent ferme et jurent fermement a warder en que après puis que nous estions tenans de nostre esveschie lotroiance devans ditte renouvelances et sorque tout les winages a certain pont mesmes en telle maniere que du char *vi* deniers laonnois donront et de la charette *iiij* deniers. Et des choses les quelles pour vitailles et pour edifier hors de la terre le seigneur de Rosoy aient achetees et jusques a dois aient apportées nul vinage. Et du bois dimers povront avoir pour boix et pour edifires en telle maniere que du char *iiij* deniers laonnois donront pour bostaiges et de la charette *ij* deniers et de plus marciet mesment leur avons accorde et octroie pernanoblement au jour de mardi en chacune sepmaine et une fois en l'an seulement marcie. Cest assavoir a la feste Saint-Mathieu apres aoust et deux jours ensievant conteneument franc de toutes exactions de coustumes fors que enfourfais. A donc li fourfaisieres selon les loix de la ville sera jugies. Toutes ces choses nos freres Renaus sires de Rosoy de rechief a promis et sa femme Julienne et Roger lor fils nos niers a ce donnerent lor assentement. Ces choses

(1) Dohis, commune du canton de Rosoy-sur-Serre.

par ce present previlleige roboret de nostre ymaige avons confermees. Et escumenions cialx qui encontre ces choses aller oseront jusques etant que lors meffais par digne satisfaction aient procure a admendes. Ce fut fait l'an de l'Incaracion notre Seigneur Jhesu Crist mil cent quatre vingt et cinq et quart jour de décembre à Rosoit.

217. — Page 331

THOMAS DE BASOCHES EST NOMMÉ CURÉ D'AUBENTON

1248. — Garnier évêque de Laon, à la suite de la résignation volontaire de Pierre curé d'Aubenton et chanoine de Laon, désigne Thomas de Basoches pour le remplacer. Il agit ainsi pour ne pas laisser péricliter dans l'avenir le droit de patronage. — Fait l'an 1248, au mois de décembre.

218. — Page 332

DE QUATRE-VINGTS LIVRES PARISIS PAYÉES A Mᶜ THÉODEBALD CHANOINE DE SAINT-JEAN-AU-BOURG

1250. — Guillaume de Vivieres, official de Laon, certifie qu'en sa présence Mᵉ Theodebald, chanoine de Saint-Jean-au-Bourg de Laon, a reconnu avoir été complètement désintéressé de la somme de quarante livres parisis qui lui était due par l'abbé et le couvent de Saint-Michel. — Fait en 1250 le second jour après la fête de Saint-Denis.

219. — Page 333

DE LA VIGNE DU SABELON DE VAUX-SOUS-LAON DONNÉE A SAINT-MICHEL PAR GILLES HOCART

1340. — Charte en langue vulgaire par lequel Raoul li Jannes de Laon garde du scel de la baillie de Vermandois fait savoir que par devant son amé et féal Oudart Lesiart establis de par lui, a comparu en sa personne Gilles Hocart clerc demeurant à Laon, lequel a reconnu de sa bonne volonté qu'il avoit loyaumont donné, par don entre vives gens et sans esperance d'aucun catel, pour Dieu et en aumone, as religieux hommes et honnestes l'abbé et le couvent de l'eglise de Saint-Michel une vigne seant au terroir de Vaux au lieu qu'on dit *au Sablon* tenant à la vigne de Thenailles et à la vigne de Jean Lefranc d'une part, et à la vigne de frère Henri moine de l'église de Thenailles d'autre part. Pour en jouir perpetuelement a toujours à partir du trépas du dit Gilles. Ce fut fait le onzieme jour du mois de mars l'an 1340.

220. — Page 235

DE LA VIGNE DE BIEAU CUL DONNÉ AU MARLELIER DE VAUX

1342. — Acte de l'officialité de Laon qui fait connaître que maître Gilles Hocart dit de Laon a abandonné par donation entre vifs et irrévocable aux marguilliers « matricularies » de l'église de Saint-Jean de Vaux, pour Dieu et pour l'usage de la dite église, une vigne située au lieudit *en bieau cul* contiguë à celle du chapelain de l'église de Sainte-Marie de Laon d'un côté et de l'autre à celle de Willon Couillon. Cette donation dont l'église jouira après le décès de Gilles Hocart est faite en décharge de la rente d'une livre et demie de cire, dont la vigne du Sablon était débitrice chaque année envers l'église de Saint-Jean de Vaux. Fait l'an 1342, le deuxième jour après la Saint-Barnabé.

221. — Page 341

DE VINGT JALOIS D'AVOINE DUS A SAINT-MICHEL PAR ROBERT DE RUMIGNY

1351. — Charte en langue vulgaire par laquelle Robert de Rumigny, chevalier, sire d'Any et de Saint-Martin-Rieux, reconnaît devoir à l'abbaye de Saint-Michel une rente annuelle et perpétuelle de vingt jalois d'avoine, mesure d'Aubenton, à payer le jour de Noël sur les terrages de Fligny (1). Il s'oblige pour lui ses hoirs et successeurs, sur la foi de son corps et l'obligation de tous ses biens, à s'acquitter exactement de cette rente au jour présent. — Fait l'an 1351, au mois de mars.

222. — Page 342

LE BAILLY DE RUMIGNY CERTIFIE LA RECONNAISSANCE PRÉCÉDENTE

1351. — Jehan de Grehen escuyer, bailly de Rumigny d'Aubenton et

(1) Fligny, canton de Signy-le-Petit, Ardennes.

de Martigny, déclare qu'à la requête de Robert de Rumigny seigneur d'Any et du procureur des religieux de Saint-Michel il a apposé, sur la reconnoissance ci-dessus, le scel de la dite baillie. — Fait l'an 1351, au mois de mars.

223. — Page 343

DE LA RENTE D'UN MUID DE GRAINS DUE A SAINT-MICHEL PAR L'ABBAYE DE MONTREUIL.

1473. — Jeanne, abbesse de Montreuil, déclare qu'en raison des guerres qui ont régné et règnent encore aujourd'hui dans le royaume elle a sollicité et obtenu de l'abbé et du couvent de Saint-Michel la réduction à moitié pendant dix ans d'une rente d'un muid de grains, moitié froment et moitié seigle, payable chaque année au jour de la Saint-Remy chef d'octobre, à cause de certaines terres et héritages situés et assis au « terrouers » des villes d'Athies et de Montigny, que ses prédécesseurs avaient pris jadis des dits religieux et abbé de Saint-Michel.

La dite rente devait être livrée à la maison que Saint-Michel possédait en Vaux-soubs-Laon. — Fait à Montreuil le penultième jour du mois de décembre, l'an 1473.

224. — Page 344

DE L'ÉCHANGE D'UNE VIGNE A FESTIEUX CONTRE UN PRÉ A VILLEMARIE

1295. — Guillaume abbé de Saint-Michel donne pouvoir à Colart dit *le Meunier*, suivant qu'il y verra l'utilité du couvent, une vigne qu'il possède à Festieux sur le tréfond du chapitre de Notre-Dame-de-Laon, contre un pré qu'on dit *le Bolieron* situé au tréfond de M. d'Eppes entre Villemarie et Coucy-la-Ville tenant au pré qu'on dit *Châtelain*. — Fait l'an 1295, le dimanche devant la Saint-Martin.

225. — Page 345

DROITS DE VINAGE ACCORDÉ A SAINT-MICHEL PAR NICOLAS DE RUMIGNY

1259. — Noble homme, Nicolas seigneur de Rumigny et d'Aubenton, avec l'assentiment d'Elisabeth sa femme, pour le remède de leurs âmes, de celles de ses prédécesseurs et de ses descendants, jusqu'à la fin du siècle, accorde à l'abbé et au couvent de Saint-Michel le vinage libre et franc sur toutes les terres de ses domaines. — Fait à Rumigny l'an 1259, au mois de juin (1).

226. — Page 346

BARTHÉLEMY CONFIRME A SAINT-MICHEL LES FRANCHISES ACCORDÉES PAR NICOLAS DE RUMIGNY

1259. — Barthélemy évêque de Laon confirme aux moines de Saint-Michel les droits de vinage qui leur sont accordés par Nicolas de Rumigny. — Fait à Laon au mois de juin 1259 (2).

227. — Page 346

ARRANGEMENT ENTRE SAINT-MICHEL ET SAINT-NICAISE DE REIMS AU SUJET DES LIMITES DE LOGNY

1274. — Afin de mettre un terme aux difficultés qui avaient lieu depuis longtemps entre l'abbaye de Saint-Nicaise de Reims et celle de Saint-Michel, au sujet des limites entre Lonnis et Aubenton pour la perception des dîmes, les deux maisons conviennent de fixer ces limites par la plantation des bornes ci-après. La première sera placée au lieudit au-delà de l'eau près des jardins d'Aubenton, contiguë à la terre de Jean dit *Huquedieu*, la seconde au même lieu entre la terre de maître Gobert, la terre de Henri de Hannapes et celle de Ogine la Vivianne, la troisième entre la terre de Colard dit *le Moleschinier* et celle qui fut à Jean Vinegart, la quatrième entre la terre de Colard de Garcins et celle des héritiers Jehan dit *Cholet*, la cinquième entre la terre de Gérard dit *Damiette* et celle de Gossuin dit *Ransart*, la sixième entre le chemin qui va de Lonnis à Brunamel et la terre du dit Gossuin sus-nommé. — Fait l'an 1274 au mois d'août, le sixième jour après l'octave de l'Assomption de la Vierge.

(1) Au lieu de 1259 il faut lire 1159, attendu que Nicolas de Rumigny dont il est question ici mourut en 1175. Il n'a donc pu accorder une charte en 1259.

(2) Il y a erreur dans la date de cette charte comme dans celle de la précédente : Nicolas de Rumigny mourut en 1175 et Barthélemy, vers 1157, à Foigny où il s'était retiré depuis cinq ou six ans.

228. — Page 347

LETTRES DU SEIGNEUR ROBERT, CHEVALIER, DIT LE CORNUT, AU SUJET DES DIMES DE SISSONNES QU'IL A VENDUES AU COUVENT DE SAINT-MICHEL

1257. — Robert, chevalier, dit *le Cornu*, fait connaître à tous présents et futurs qu'il a vendu et quitté à perpétuité à l'abbé et au couvent de Saint-Michel tout ce qu'il avait et pouvait avoir sur la dîme de Sissonnes, c'est-à-dire la troisième partie de la grosse dîme de la dite ville ; laquelle troisième partie est tenue aux charges suivantes, savoir : six muids de seigle et cinq muids d'avoine à fournir chaque année aux frères Hospitaliers de la maison de Boncourt, quarante sols parisis dus chaque année à maître Jean de Busancy, quatre jalois de seigle dus au curé de Syssonnes et deux autres jalois de seigle dus à la chapelle du Vivier (*de Vivario*). La dite vente est faite aux religieux de Saint-Michel, moyennant la somme de quatre cent et vingt livres parisis qu'il reconnaît lui avoir été payée en argent comptant, plus quinze muids de blé et quinze muids d'avoine à la mesure d'Aubenton qui lui seront servis chaque année tant qu'il vivra, et après son décès reviendront à Havide, sa fille, également sa vie durant, plus encore un millier de paille de seigle et un millier de paille d'avoine fournis dans les mêmes conditions ; le tout à livrer chaque année, de la Toussaint au vingtième jour après la Nativité de Notre-Seigneur. Les pailles de seigle et d'avoine pourront être prises dans la grange des religieux à Sissonnes, les autres redevances seront prélevées sur leur grange d'Aubenton, et dans le cas où cette grange serait dans l'impossibilité de les fournir il y serait suppléé par des grains de qualité équivalente à ceux de la dite grange.

Robert *le Cornu* déclare en outre que la dite vente est faite avec le consentement des seigneurs dont il tenait les dites dîmes en fief, soit médiatement, soit immédiatement, c'est-à-dire le seigneur évêque de Laon, Jean, chevalier, seigneur de Puisieux, et Gérard, chevalier, seigneur de La Selve.

L'acte se termine par l'approbation pleine et entière donnée par Marie femme de Robert *le Cornu*, qui s'engage librement à respecter la volonté de son mari et à ne venir à l'encontre sous aucun prétexte. — Fait l'an 1257, au mois d'octobre.

Cart. de St-Michel

229. — Page 352

VAUTIER DIT TESSON ET AVIDE SA FEMME APPROUVENT LA VENTE DU TIERS DES GROSSES DIMES DE SISSONNES FAITE A SAINT-MICHEL PAR ROBERT LE CORNU.

1257. — Vautier dit *Taissons* et Havide sa femme, fille de Robert le Cornut, autorisée par son mari, louent, approuvent et tiennent pour ferme et stable à toujours la vente de la tierce partie des grosses dîmes de Sissonnes faite à l'abbaye de Saint-Michel par le dit Robert le Cornut. — Fait l'an 1257, au mois d'octobre.

230. — Page 353

JEAN DE PUISIEUX APPROUVE LA VENTE DES DIMES DE SISSONNES

1257. — Nous Jehan, chevalier, sire de Puisieux et Mahau, ma femme, de ce même lieu, faisons savoir à tous ceux qui ces présentes lettres verront et oront que nous tel vendage comme messire Robert li Cornut, chevalier, a fait à l'abbé et au couvent de Saint-Michel de tele partie comme cis Robert avoit en la disme de Syssonnes. Ce est à savoir de la tierce partie de la grosse disme ou de plus se plus i avoit. Laquelle il tenoit de nous en fief et en hommage, et lequel fief nous reconnoissons que nous teniens de mon signeur Gérart chevalier de Syssonnes signeur de La Selve en fief et hommage comme sire et dame de ce fief devant dit. Gréons loons et ostroions à l'église de Saint-Michel à tenir perpetuelement la disme devant dite quitte de toute servitude, tant comme à nous appartiens..... — Fait l'an 1257, el mois de novembre.

231. — Page 354

GÉRARD DE LA SELVE APPROUVE LA VENTE DU TIERS DES DIMES DE SISSONNES FAITE PAR ROBERT LE CORNUT

1257. — Charte par laquelle Gérard de Syssonnes, chevalier, sire de La Selve, loue et approuve la vente du tiers des grosses dîmes de Syssonnes faite à l'église de Saint-Michel par Robert le Cornut qui les tenait en fief, foi et hommage de Jehan, chevalier, seigneur de Puisieux et dame Mahaut sa femme, lesquels les tenaient de lui en fief et hommage. Il promet qu'il ne viendra jamais en contre de ce vendage par lui ne par autrui. — Fait l'an 1257, au mois de novembre.

232. — Page 356

GÉRARD DE LA SELVE ET DE SOUPIR APPROUVE LA VENTE DES DIMES DE SISSONNES

1257. — Gérard, chevalier, sire de La Selve et de Soupi (*Soupir*), fait savoir à tous ceaux qui ces presentes lettres verront et orront que je loue et ai loé et greet et quittes à touz jours et perpetuellement à l'église de Saint-Michel *quamque* l'église devant dite a et tiens en la disme de Syssonne soit quele lait aquesté à mon tems et maisment quant que ele aquist en la dite disme au tens mon signeur men pere et au tens mes ancesseurs, fust par raison d'achat, fust par raizon d'aumosne, fust par raison de don ou par autre raison quele que ele fust. Et promet loiaument que je encontre c'est los ne encontre ceste quitance n'irai à nul jour ne par moi ne par autrui.... — Fait l'an 1257, el mois de décembre.

233. — Page 357

LETTRE DE ITIER ÉVÊQUE DE LAON AU SUJET DES DIMES DE SISSONNES

1257. — Itier, par la permission divine évêque de Laon, après avoir lu mot après mot et examiné avec une grande attention les lettres revêtues du sceau de la curie laonnoise par lesquelles Robert, chevalier dit le Cornut, a vendu à l'église de Saint-Michel le tiers des grosses dîmes de Syssonnes ; après avoir vu aussi et lu les lettres de Vaucher dit *Taissons* et de Havide sa femme, fille du dit Robert le Cornut, de Jean seigneur de Püisieux et de Gérard de La Selve qui approuvent la dite vente ; déclare qu'il abandonne à l'église de Saint-Michel tous les droits qu'il pouvait avoir sur les dîmes de Syssonnes et qu'elle peut les tenir en main-morte paisiblement, sans aucune contradiction et à perpétuité. — Fait l'an 1257, au mois de décembre.

234. — Page 363

DE LA VENTE DES DIMES DE SISSONNES FAITE A L'ÉGLISE DE SAINT-MICHEL

1257. — Guillaume de Cépy, chanoine et official de Laon, déclare qu'en sa présence Jean, chevalier, seigneur de Puisieux et Mathilde, sa femme, ont reconnu avoir approuvé la vente du tiers des grosses dîmes de Syssonnes faite par Robert le Cornut à l'église de Saint-Michel ; il déclare en outre que le dit Robert et Marie sa femme, Waucher Taisson et Havide sa femme, fille de Robert, ont affirmé également avoir abandonné au couvent de Saint-Michel tous les droits qu'ils avaient sur les dîmes de Sysonnes..... — Fait l'an 1257, au mois de novembre.

235. — Page 367

QUITTANCE DE LA SOMME DE QUATRE CENT VINGT LIVRES PARISIS REÇUE PAR ROBERT LE CORNUT POUR LA VENTE DU TIERS DES GROSSES DIMES DE SISSONNES.

1259. — Je Robers de Syssone chevalier dis li Cornus et Hawis ma file faisons savoir que nous sommes saus et paiet entierement de quatre cents livres de parisis et de vingt livres de cele mesmes monaye es quels li abbe et li couvent de l'eglise de Saint Michiel estoient tenut à moi et à Hawis, ma file, après ma mort pour la tierre partie ke je avoie et pooie avoir en la dîme de Syssone que je ai vendut à l'abbet et au couvent devans dis........ et pour che que ce soit ferme chose et estaule en ai je données del assentemens Marie ma femme, Harwis ma file et Wauchier son baron, ces presentes lettres scelées de mon propre scel, l'an 1259, au mois de janvier.

236. — Page 367

LETTRES DE LA CURIE LAONNOISE AU SUJET DE LA VENTE DES DIMES DE SYSSONNES FAITE A SAINT-MICHEL PAR ROBERT LE CORNUT

1257. — Guillaume de Cepy, official de Laon, déclare que la vente du tiers des dîmes de Sissonnes faite à l'église de Saint-Michel par Robert dit le Cornut a été passée en sa présence, en foi de quoi il a délivré ces présentes lettres, revêtues du sceau de la curie laonnoise. — Fait l'an 1250, au mois d'octobre.

237. — Page 373

DE LA VENTE DES DIMES DE SISSONNES APPROUVÉE PAR GÉRARD DE LA SELVE

1257. — Guillaume de Cepy, official de Laon, déclare que l'acte constatant l'assentiment et l'approbation donnés par Gérard de Sissonnes, seigneur de La Selve, et Marie, sa femme, à la vente du tiers des grosses dîmes de Sissonnes faite par Robert dit le Cornut à l'église de Saint-Michel, a été reçu par son cher et fidel Oudard de Jonville, clerc notaire de la curie de Laon, commis à cet effet. C'est pourquoi il a délivré ces lettres revêtues du sceau de l'officialité, sauf les droits de l'évêque. — Fait au mois de novembre 1257.

238. — Page 375

COLARD ET RENAUD DE CHAOURSE CÈDENT A SAINT-MICHEL LES DROITS
QU'ILS POUVAIENT AVOIR SUR LES DIMES DE SISSONNES

1258. — Maître Pierre Amios, chanoine et official de Laon, constate qu'en sa présence Colard et Renaud de Chaouse (*Chaourse*) frères, fils jadis du seigneur Werricus et de dame Aubrée, ont déclaré avoir reçu de l'abbé et des religieux de Saint-Michel, la somme de quatorze livres parisis, pour l'abandon qu'ils ont fait des droits qu'ils avaient ou pouvaient avoir sur la partie des dîmes de Sissonnes vendue par Robert le Cornut à la dite abbaye. — Fait en 1258, au mois de juin.

239. — Page 376

COLARD ET RENAUD DE CHAOURSE LOUENT ET APPROUVENT LA VENTE
DES DIMES DE SISSONNES

1257. — Colars et Renaus frero de Chaourse qui furent enfant mon singneur Werri chevalier et ma dame Aubree ont loet et quitet à l'eglise de Saint Michel en Therasche tout le droit que il avoient ou pooient avoir et devoient en la disme de Syssone. Ce fut fait par devant nous Robaille de Cloistre, Huart Soibert et Bertran le Cointe, echevins de Loon, en lan mil deux cens cinquante sept le mardi devant la feste saint Barnabé.

240. — Page 376

ARRANGEMENT ENTRE LE CURÉ DE SISSONNES ET SAINT-MICHEL AU SUJET
DES DIMES

1259. — A la suite de difficultés survenues entre Guillaume, curé de

Sissonne, et l'abbaye de Saint-Michel au sujet de la dîme des novales et de celle d'une pièce de terre provenant de Sofride Talon, Itier évêque de Laon déclare que, sur ses conseils, les parties ont conclu entre elles l'arrangement suivant. Le curé et ses successeurs prendront chaque année sur la dîme des religieux à Sissonnes seize jalois de blé ordinaire et huit jalois d'avoine à la mesure du lieu et s'abstiendront désormais de toute réclamation envers eux ; en ce qui concerne la dîme des novales le curé et ses successeurs en auront le tiers et les religieux les deux-tiers. — Fait l'an 1259 au mois de juin.

241. — Page 378

ARRANGEMENT FAIT ENTRE LES ABBAYES DE VAUCLAIR ET DE SAINT-MICHEL AU SUJET DE LA DIME DE DEUX PIÈCES DE TERRE

1259. — Acte de l'officialité de Laon qui constate le réglement d'une difficulté survenue entre l'abbaye de Saint-Michel et le curé de Sissonnes, d'une part, et l'abbaye de Vauclair, d'autre part, au sujet de la dîme de deux pièces de terre qui étaient cultivées par les religieux de Vauclair, sur Sissonne, l'une appelée la *terre au Fay*, l'autre dite *la terre du Haut Sapin*. Guillaume de Trecis et Pierre de Senone, chanoines de Laon désignés comme arbitres par l'évêque, rendirent le jugement suivant auquel les parties durent se soumettre sous peine d'une amende de vingt livres parisis.

L'abbaye de Vauclair jouira de la dîme de la terre du Fay ; celle de la terre du Haut Sapin appartiendra à Saint-Michel ; le curé de Sissonnes et ses successeurs prendront sur cette dernière la portion de dîme qui leur est due suivant l'usage. Dans le cas où les religieux de Vauclair voudraient se défaire de la terre du Haut Sapin, ils ne pourront l'aliéner qu'en faveur de Saint-Michel. — Fait l'an 1259, au mois d'avril.

242. — Page 380

L'ABBÉ DE VAUCLAIR APPROUVE LA CONVENTION CI-DESSUS

1259. — Egidius, abbé de Vauclair, avec tout son couvent, déclare accepter la décision de Guillaume de Trécis et de Pierre de Sénonnes, au sujet des dîmes de la terre du Haut Sapin, et s'engage sous peine de vingt livres d'amende à l'observer fidèlement. — Fait l'an 1259, au mois d'avril.

243. — Page 383

DE TRENTE SOLS PARISIS LÉGUÉS A SAINT-MICHEL PAR MAITRE THOMAS CURÉ DE SISSONNES

1255. — Thomas, curé de Sissonnes, déclare devant Guillaume de Cépy, official de Laon, qu'il a donné à l'église de Saint-Michel, en récompense et restitution de certains biens qu'il tenait de la dite abbaye, vingt sols parisis à prendre chaque année, à perpétuité, sur un manoir (*manerium*) qu'il a acheté des héritiers de défunt Waltier Creton, sur la maison de Robert Parmentier et sur celle de Pierre Rufi de Sissonnes. Il déclare en outre qu'il a donné encore à la dite église de Saint-Michel une rente annuelle de onze sols parisis dont quatorze sols laonnois à prendre sur un jardin situé à Sissonnes entre le jardin de Huard Le Mace et l'oseraie de Gérard d'Aiselle, et sur une maison venant de Gobert de Floricourt ; les autres huit sols laonnois restant seront pris sur une certaine maison de Sissonnes venant de Barachin, que le dit Thomas a acquise de Johanne d'Arras (*de Attrabato*), ainsi que sur la maison de Gobin Brode, située entre la maison de Gobert Pouce et celle de Jakri Mucet. Ces donations ont pour but la pitance des religieux. — Fait l'an 1255, trois jours avant la Nativité de saint Jean-Baptiste.

244. — Page 384

LA CARTRE DES BOS DE SAINT-MICHEL

1300. — Nous Hues de Chastillon cuens de Bloys et sires d'Avesnes faisons savoir a tous presens et a venir que pour le bien de pais et pour oster les domaiges et descors que nous dune part et religieus hommes labbé et le couvent de Saint Michel en Thierache dautre part aviens en usant desordeneement dou bos de Sains Michel con dist teil : cest asavoir dou vivier de Watignies jusque au bos de Cymai. et dou bos de Cymai jusques a Oise si comme elle court et contient juques au weis Fournier et dou weis Fournier devers Yrechon. et devers Saint Michiel juques au bos dou quartier. et dou bos dou quartier qui est entre deus juques au Champ de Lestrit. et dou Champ de Lestrit selonc le bos de Watignis juques au vivier de Watignis douquel bos li usaiges est communs à nous et au dis religieus nous dune part et les dis religieus dautre. avons ordene et acorde de comun assent a coper et user et a esploitier des ormais le dit bos en la fourme et en la maniere qui sensuit. Cest a savoir que se li uns de nous en a mestier pour sen user et pour faire sa volente quil en puet et pora des or en avant coper et prenre en bonne foy dune part et a fait la ou il sera plus pourfitanles et a mains de damaige cumun et le prenra par mesure et par estimation lautre partie apelee. a ce quil en porra autre tant prenre et en autre teil maniere pour faire sen pourfit si comme il vorra equalite en ce gardee entre nous. et le bos widiet selonc la coustume des marchans. et volons et ordenons que li bos outre nostre usaige si comme il est dit soit vendus en tamps et en lieu convenables par le consentement de nous et des dis religieus le pourfit departi moitie a moitie entre nous. derechief nous cuens de sus nommes volons otroions et nous consentons que se ees (1) venoeint es dis bos que li dit religieus puisent faire coper laubre ou elles seront et avoir le vaissel (2) de ees pour iaus et a leur pourfit laubre commun a nous et a iaus. et porrons et poons dor mais en avant haier chacier et pasturer cest asavoir les dis religieus sans nous. et nous sans les dis religieus et lune partie sans lautre apeler. ne ne volons mie que usaiges ni esplois con fauce dorre en avant dou dit bos autre que dessus est dit puist porter ne faire prejudice a lacort et ordenances desus dis que tous jours ne soient et demeurent en lor vertu et soient tenus et gardees si comme nous les avommes otries et acordees par devant. et est asavoir que li haye de Warchonpreit et li haye dIrechon si comme elles se contiennent jusques au bos de Buires et revenant jusques a liauve de Glant et tous li menus bos qui sont hors la haute forest deseur dite sons et seront as us et as coustumes quil ont esteit. et toute les autres choses si comme on en a useit demouront en leur estat. et pour cou que ces acort et ordenance deseur dites soient tenues fermement et gardees entierement en tous articles si comme il est desus devise et que dor en avant nous ne puissions venir en contre par nous ne par autre. Nous obligons a les tenir et

---

(1) Abeilles.
(2) Essaim.

garder nous et nos hoirs et nos successeurs et tous nos biens et les biens de nos hoirs et de nos successeurs. en tesmoignaige de toutes ces choses nous avons mis nostre scel a ces presentes lettres faites et donnees lan de grace mil trois cent au mois de novembre..

245. — Page 386

ARRANGEMENT AU SUJET DES DIMES DE VILLEMARIE

1245. — Maître Clément de Saint-Germain, chanoine, et Henri de Imbert, official de Laon, assistés de maître Jehan, clerc, et de Bernard, neveu de l'évêque de Laon, aussi chanoine, règlent à l'amiable des difficultés qui s'étaient élevées entre le couvent de Saint-Michel et le curé de Coucy-la-Ville (*Coucy-les-Eppes*), au sujet de la dîme des terres et des vignes de *Villaniaroya* (Villemarie) et des offrandes faites à la chapelle du même lieu. L'abbé de Saint-Vincent de Laon qui avait intérêt dans cette affaire en approuve la solution. — Fait l'an 1245, au mois de mai.

246. — Page 388

ÉCHANGE DES PROPRIÉTÉS POSSÉDÉES PAR SAINT-MICHEL A CRUPILLY CONTRE CELLES QUE RAOUL DE KAUNI POSSÉDAIT A HIRSON

1260. — Raoul, chevalier, dit *Flamains*, seigneur de Kauni, déclare qu'il a été convenu entre lui et le couvent de Saint-Michel qu'ils échangeraient entre eux tout ce que le dit couvent possède sur le territoire de Crupillis, contre les droits et propriétés que lui Raoul dit Flamains possède sur le territoire d'Yrecon, lesquels sont ci-après désignés, savoir : un certain manoir situé au lieu appelé Roues (1), un pré provenant de dame Emeline autrefois mère de Guillaume seigneur de Puisieux, situé au lieudit Ermenchonpré, un autre pré situé au même lieu, commun entre lui et Gobert fils *Cuculu*, un autre pré situé au lieudit l'*Ilet*, tout le terrage, tous les cens et les rentes de tout le tréfonds situé en la ville territoire et dépendance d'Yrecon, tous les droits et la seigneurie qu'il a et peut avoir sur les terroirs ci-après indiqués, savoir : entre l'eau appelée vulgairement Glans d'une part et celle appelée Oise d'autre part, comme ces deux eaux se comportent, depuis le lieudit Pontlevoit jusqu'au château d'Irecon

(1) Il y a encore à Hirson un quartier qui porte le nom de Bas-Roué, Haut-Roué.

et depuis les fossés du château d'Yrecon jusqu'au rieu de Blaaingnies, lequel rieu coule le long des bois de Saint-Michel ; les cens et tout le terrage du tréfond compris entre les bornes et les lieux ci-après indiqués, savoir : de la borne placée près du lieu dit la Hayette jusqu'à la borne placée au lieu dit le Corbeillon du fossé de la voie d'Abemont, du dit Corbeillon jusqu'à la borne située entre la terre de Jean dit *d'Erloit* d'une part et la terre de Gautomer autrefois dit *Goumeingnis* d'autre part, de cette borne dernièrement nommée jusqu'à la borne située au lieu dit *au marchais Obert*, et du dit marchais Obert, en suivant le ruisseau qui sort de là jusqu'au point où il se réunit à l'Oise, de là jusqu'au pré dit *Achenues*, enfin de ce dernier lieu dit jusqu'à la *Hayette*.

Raoul de Kauni déclare que tous ces biens lui appartiennent par suite de l'acquisition qu'il en a faite de Guillaume, seigneur de Puisieux, et qu'il en propose l'échange avec l'assentiment et la volonté du comte de Blois, de qui ils relèvent, pour le bien de la paix et le plus grand avantage de l'une et de l'autre partie.

Les religieux de Saint-Michel jouiront librement et pacifiquement, en main-morte, de tous les droits et seigneuries afférents aux dits biens ; il en sera de même pour le seigneur de Kauny à l'égard des biens qu'il reprend en échange sur le territoire de Crupillis, à cette condition toutes fois que lui et ses successeurs tiendront les biens de Crupillis en foi et hommage du comte de Blois, en compensation des possessions qu'il avait sur Yrecon. Les religieux seront tenus de donner à perpétuité une rente annuelle de six jalois d'avoine à l'abbaye de Clairfontaine, charge dont est grevée la propriété qu'ils reprennent à Yrecon, par suite d'une aumône faite à la dite abbaye par les ancêtres de Guillaume de Kauni, et comme le domaine de Crupillis vaut mieux que celui que les religieux reprennent à Yrecon, Raoul de Kauni s'engage à leur solder une somme de six vingt livres de bonne monnaie qu'ils devront employer dans le délai de cinq ans, à l'acquisition de sept livrées de terre dans les domaines du comte de Blois, mais non dans ses forteresses. — Fait l'an 1260, au mois de juin.

247. — Page 392

LETTRES DU COMTE DE BLOIS QUI APPROUVE L'ÉCHANGE DES TERRES SUR CRUPILLY ET HIRSON

1260. — Lettres en langue vulgaire dans lesquelles se trouve répété le titre qui précède et par lesquelles Jehan de Chastillon, comte de Blois, loue et approuve l'échange fait avec sa volonté entre les religieux de Saint-Michel et Raoul de Kauni, son féal, de diverses propriétés situées à Crupillis et à Yrecon. — Fait l'an mil deus cens et soissante el mois de mai.

248. — Page 395

APPROBATION DE L'ÉCHANGE DES TERRES DE CRUPILLY ET D'HIRSON PAR L'ÉVÊQUE DE LAON

1260. — Itier, évêque de Laon, confirme de son autorité pontificale, sous la réserve de ses droits et de ceux des autres, l'échange fait entre le monastère de Saint-Michel et Raoul de Kauni dit Flaminche et en délivre en conséquence des lettres revêtues de son scel. — Fait l'an 1260 au mois de mai.

249. — Page 400

L'OFFICIALITÉ DE LAON APPROUVE L'ÉCHANGE

1260. — Jean de Dammarie, official de Laon, approuve l'échange fait entre le couvent de Saint-Michel et Raoul de Kauni, au sujet des propriétés qu'ils possèdent l'un à Crupilly, l'autre à Hirson. — Fait l'an 1260, au mois de mai.

250. — Page 404

DE LA VENTE FAITE PAR GUILLAUME SEIGNEUR DE PUISIEUX A RAOUL SEIGNEUR DE KAUNI DE CE QU'IL POSSÉDAIT SUR HIRSON

1260. — Maître Jean de Dammarie, official de Laon, déclare qu'en présence d'un mandataire envoyé exprès par lui, Guillaume, chevalier, seigneur de Puisieux, a reconnu avoir vendu et livré à perpétuité à Raoul dit Flameinc, chevalier, seigneur de Kauni, au prix de quatre cens livres tournois que le dit Guillaume reconnaît avoir reçue en argent compté, les droits et propriétés ci-après, situés sur le territoire d'Hirson. (Ici sont indiqués les détails que nous avons donnés dans la charte n° 246 et qui se trouvent reproduits dans tous les titres concernant cette affaire). Guillaume de Puisieux s'engage par serment à garantir à Raoul de Kauni et à ses héritiers la possession de ces biens, et Isabelle, sa femme, librement, sans y être contrainte, promet de n'en rien réclamer sous le prétexte de dot, de succession ou de toutes autres raisons. — Fait l'an 1260, au mois de mai, le jour avant la fête de saint Urbain.

251. — Page 408

LETTRES DU SIEUR RAOUL FLAMEINCH POUR LE CAS OU L'ÉCHANGE QU'IL A FAIT AVEC SAINT-MICHEL SERAIT DÉC É NUL

1260. — Raoul, chevalier, dit Flameins, seigneur de Kauni, fait savoir qu'à la suite d'une querelle survenue entre lui et les religieux de Saint-Michel, au sujet d'un moulin et d'un étang qu'il avait fait construire à Crupilly sur le tréfond des dits religieux, ainsi qu'il en avait le droit, malgré les prétentions des dits religieux, il a été fait entre eux la convention suivante : Si dans le délai d'un an et d'un jour des difficultés survenaient entre lui et les religieux pour raison de proximité, au sujet de l'échange qu'il a fait avec les religieux des biens qu'il possédait à Hirson contre ceux que les dits religieux avaient à Crupilly, le dit échange sera considéré comme nul et non avenu et les parties se rendront réciproquement leurs titres. Toutefois si l'annulation avait lieu, il est convenu entre nous que moi et mes héritiers nous conserverons la propriété du moulin, de son étang et de ses digues ou chaussées, en indemnisant les dits religieux du dommage qu'ils peuvent éprouver, au moyen d'une somme de deniers, laquelle sera prise sur les revenus du dit moulin et déterminée par Jean de Bruyères, dit Flamein, bourgeois de Laon, et Vautier, mon clerc, au jugement desquels nous nous soumettrons sous peine d'une amende de cent livres parisis. Dans le cas où les deux experts ne pourraient s'entendre, nous faisons choix de l'abbé de Thenailles pour tiers expert, et nous accepterons sa décision sous peine de l'amende indiquée plus haut. — Fait l'an 1260, au mois de juin.

252. — Page 411

LETTRES DE L'ABBESSE D'ORIGNY-SAINTE-BENOITE AU SUJET DES MENUES DIMES QUI LUI SONT RÉCLAMÉES SUR SA COUR DE LERZY PAR LES RELIGIEUX DE SAINT-MICHEL.

1260. — Lettres de sœur Elisabeth, abbesse du monastère d'Origny-

Sainte-Benoîte, par lesquelles elle fait connaître qu'en 1260 les religieux de Saint-Michel élevèrent la prétention de prélever les menues dîmes, et principalement celle de la laine des agneaux, sur les terres de la cour d'Origny située près de la leur dans la paroisse de Lerzy, se fondant sur ce qu'elle leur avait été accordée par Roger, évêque de Laon, en raison de l'administration des sacrements et des services religieux que Saint-Michel était tenu d'exercer envers les habitans de la cour d'Origny.

Les parties, n'ayant pu s'entendre, soumirent le réglement de la difficulté au jugement de deux arbitres : Jean, abbé de Maricelle, diocèse de Cambrai, et maître Pierre de Sénone, chanoine de Laon, dont elles s'engagèrent à respecter la décision sous peine d'une amende de cent livres parisis. Il fut convenu par contrat préparatoire qu'aucune des deux maisons ne percevrait les dîmes, pas plus les grosses que les petites, sur chacune des deux cours de Lerzy ; les religieux de Saint-Michel auront la dîme des terres situées dans les limites de la paroisse quand bien même elles seraient momentanément cultivées par les habitants de la cour d'Origny, à l'exception toutefois des terres dont les dîmes sont habituellement transportées dans la grange d'Origny ou dans celle du Mont-d'Origny. Les religieux de Saint-Michel seront tenus d'administrer les sacrements ecclésiastiques aux habitants de la cour d'Origny, toutes les fois que cela sera nécessaire ; en récompense les religieuses d'Origny devront payer aux religieux de Saint-Michel, au jour de la Nativité de Notre Seigneur, huit muids de grains, mesure d'Origny, dont deux tiers en blé et un tiers en avoine. — Fait l'an 1260, au mois de juin.

253. — Page 414

LETTRE DE L'ABBESSE D'ORIGNY AU SUJET DES EXPERTS CHOISIS POUR METTRE FIN AUX DÉMÊLÉS QU'ELLE A AVEC L'ABBÉ DE SAINT-MICHEL

1259. — E... abbesse d'Origny, déclare que si les deux arbitres choisis pour mettre un terme au différend qui existait entre elle et l'abbé de Saint-Michel, au sujet des dîmes de sa cour de Lerzy, ne pouvaient s'entendre, les parties ont fait choix de l'abbé de Saint-Nicolas-sous-Ribemont comme tiers expert. Le jugement devra être rendu avant la fête de saint Jean-Baptiste. — Fait l'an 1259, au mois de mars.

254. — Page 417

LETTRES DE L'ABBESSE D'ORIGNY QUI S'ENGAGE A OBSERVER LA DÉCISION
DES EXPERTS

1260. — Lettres de l'abbesse d'Origny constatant l'arrangement fait entre elle et l'abbaye de Saint-Michel au sujet de la cour de Lerzy, et l'engagement qu'elle prend de s'y conformer scrupuleusement à l'avenir. — Fait l'an 1260, au mois de juillet.

255. — Page 422

L'ÉVÊQUE DE LAON CONFIRME L'ACCORD FAIT ENTRE L'ABBESSE D'ORIGNY
ET L'ABBÉ DE SAINT-MICHEL AU SUJET DE LEURS COURS DE LERZY

1200. — Itier, évêque de Laon, loue et approuve par lettres munies de son sceau le jugement prononcé par les experts dans l'intérêt des deux communautés, au sujet des deux fermes possédées à Lerzy par les abbayes d'Origny-Sainte-Benoîte et de Saint-Michel. — Fait l'an 1260, au mois de juillet.

256. — Page 424

ARRANGEMENT AU SUJET DES TERRES DONNÉES A BAIL SUR LES TERRITOIRES
DE FROIDESTRÉES ET DE LERZY

1253. — Guillaume, doyen des dames d'Origny, maîtres Clément et Pierre dit *Petit*, chanoines de Laon, arbitres désignés pour régler les difficultés survenues entre l'abbaye d'Origny et celle de Saint-Michel, au sujet de la dîme des terres données à bail et situées dans les limites des territoires de Froidestrées et de Lerzy, décident que l'abbaye d'Origny n'aura aucun droit de dîmes sur les terres louées à bail dans l'étendue des dits territoires, mais qu'elles appartiendront à l'abbaye de Saint-Michel. En ce qui concerne les menues dîmes de la cour des religieuses, le couvent de Saint-Michel n'y aura aucun droit pendant la durée du bail actuellement en vigueur, mais il pourra les percevoir lorsqu'après son expiration la cour sera de nouveau donnée à bail soit aux mêmes censiers, soit à d'autres. —

Fait l'an 1253, le sixième jour après la fête des apôtres saint Pierre et saint Paul (1).

257. — Page 427

DES TERRES D'EMPIREVILLE, CÉDÉES AUX RELIGIEUSES DE MONTREUIL.

1173. — Guillaume, abbé de Saint-Michel, déclare qu'avec l'assentiment de son chapitre il a abandonné à l'église de Sainte-Marie de Montreuil tout ce que son abbaye possédait sur Athies et Montigny, provenant de frère Albert, à la condition que les frères ou les religieuses de Montreuil lui rendront chaque année, à la Saint-Remy, un demi-muid de froment et un demi-muid de seigle à la mesure de Laon, le froment différent seulement de deux deniers du meilleur. Ces grains devront être amenés par les voitures de Montreuil dans la maison que les frères de Saint-Michel possèdent à Vaux-sous-Laon. S'il arrivait que la maison que les religieuses de Montreuil possèdent à Athies vienne à être annulée de manière à ne plus pouvoir payer cette rente, Saint-Michel rentrera dans la possession de ses terres. En témoignage de quoi ont signé : Guillaume, abbé de Saint-Michel, Willerme Walbert et Humbert, moines et prêtres, Henri et Jean, diacres, Nicolas et Simon, sous-diacres, — Ade, abbesse de Montreuil, Mathilde, Marguerite, Julienne, Agnès, Eufémie, Richilde, Havide, Eremburge et Mathilde d'Asne (*de Assini*), religieuses, Adam, chapelain. Angerbert et Renier, convers. — Fait l'an de l'Incarnation 1273.

258. — Page 428

ACTE PAR LEQUEL JEAN DE ROCHEFORT S'ENGAGE A INDEMNISER
SAINT-MICHEL DES DOMMAGES QU'IL LUI A CAUSÉS

1300. — Nous Hues de Chastillon cuens de Blois et sires dAvesnes faisons savoir a tous presens et a venir que nous avons veu unes lettres scelees dou scel de nostre feaule Jehan de Roichefort escuyer en la fourme que sen suit. a tous ceaus qui ces presentes lettres verront et orront je Jehans de Roichefort escuiers salut en nostre Seigneur saichent tuit que comme

---

(1) Dans cette charte le nom de la commune de Froidestrées est écrit tantôt Freicestrées, tantôt Froicestrées.

plusieurs descors et comptens fuissent meut entre mi dune part et religieus hommes labbe et le couvent de Saint Michiel en Thieraisce dautre et euissent pendus loingement entre nous. en la par defin pour bien de pais. je Jehan de Roichefort de seur dis et li abbes et li convens de seur nommes nous nous sommes mis de tous les dis descors et conptens meus entre nous dus que a jour que ces presentes lettres furent faictes et de tout cou qui en poroit dependre en saiges hommes. cest assavoir dant Oudart moine de Saint Michiel de seur di et Jehan dit Wrenelle de Roocourt escuyer et Druart Millon de Crandelain lesquels jou Jehan de Roichefort de seur dit et li abbes et li couvent de seur nommes avons eleus comme miseurs et amiables apoisenteurs. et doient li dit miseur connoistre et ordener des damaiges que les dites parties ont eus et encourus pour loquison des descors et des contens deseur dis. en telle maniere que cou que li troi ordeneront et prononceront sur les choses dessus dites sera tenut et warde de mi. et le proumes a tenir sur paine de cuine cent livres de parisis a rendre de mi la moitie a noble homme le comte de Blois et lautre moitie a labbe et au couvent de seure dis se joue en aucun tans venoie en contre cou qui des dis trois concordanment seroit ordene. et pour cou ne demouroit mie que lordenanche ne fust tenue. et se il avenoit que le dit troi fuissent en descort sur aucun des debas deseur dis. il raporteroient le descort a noble homme mon signeur Jaque de Saint Pol chevalier. li quels pora ordener et prononchier sa volenteit dou tout sur les descors qui li seroient raporteit. et seroie tenus et proumes a tenir tout chou que il en ordenera sur le paine de seur dite. et doient li dis miseur leur dit avoir vuidiet de dens le Saint Remy en octembre a venir. et se il avenoit ensi que a ce jour de seur dit il navoient leur dit vuidiet il pouroient raloigner le jour ou les journees a leur volente. et se il estoit ensi que dacun des miseurs devant dis defaillist ancois que li dis fust vuidies par mort fust par maladie li partie qui aroit cel enpechement poroit prendre un autre preudoume sans souppechon et oroit chius ce pooir tout autre tel con li autres aroit eut. et doit tenir tout cou que li dit miseur ordeneront de tous chiaus qui pour loquoison des dis descors ne poroient souffisaument poursuir qui en lordenance des dis miseurs se sont couchies et ai en couvent en bonne foi que je serai aidans ne confortans moingne qui soit de le dite eglise qui soit en la grevance de labbe et de leglise devant dite. et a toutes ces choses tenir fermement et a emplir. jou Jehans de Roichefort escuier de seur dis oblige mi et le mien et tout men heritaige present et a venir et proumes toute ceste obligansion que jou ai faite pour les convenanches de seur dites tenir à faire confrumer par scel de noble homme monseigneur le comte de Blois selone men pooir. En tesmoignage des quels choses jou ai ces presentes lettres scellées de mon scel. Ce fu fait l'an de grace *mil deus cent quatre vins et dis et neuf* ou mois d'avril.

Et nous cuens de Blois de seur nommes de toutes ces choses de seur dites et chascune loons, greons, aprouvons et confrumons comme souverains. et les proumetons a faire et enterriner et a complir se defaut i avoit comme souverains. en tesmoignage desquele choses nous avons mis nostre scel en ces presentes lettres en conformasion des choses de seur dites. Donnees et saelees l'an de Grace mil et trois cens. au mois de ottembre.

259. — Page 431

ARRANGEMENT AVEC FOIGNY AU SUJET DU PONT DE BLICY

1334. — Charte en langue vulgaire, par laquelle Thomas de Provins, bailly de la terre de Guise, fait connaître que, du temps de son prédécesseur Henot de Tainiere, une discussion s'éleva entre les abbayes de Saint-Michel et de Foigny au sujet de l'entretien du pont de Blissy que chacune des deux maisons refusait de prendre à sa charge. Que Pierre d'Origny et Jean de Marly, fondés de procuration, l'un pour Saint-Michel, l'autre pour Foigny, comparurent devant le bailly de Guise le mercredi, jour de la fête saint Andriu, l'an de grâce mil trois cens trente-quatre, et qu'il fut décidé que le pont de Blissy qui venait d'être reconstruit par le comte de Blois serait payé par les deux abbayes, mais que « dore en avant, à tous jours et perpetuellement les religieux de Foigny seront tenus à faire le dit pont de tout chou quil y appartenra a faire. »

260. — Page 433

LETTRES DE JEAN DE SOISSONS AU SUJET DES TERRAGES DE BOURLERS

1258. — A tous ciaus qui sont et qui a venir seront qui ces présentes lettres verront et oront. Je Jehans aisne frère le comte de Soissons sires

— 146 —

de Cymai saluz en Nostre Seigneur, sachent tout cil qui ces presentes lettres verront et oront que comme il fust jadis dis et accordé par chartre scellee entre mon ancissor mon seigneur Alart de Cymai et l'église de Saint Michel en tierache et par le conseil de bonnes gens dou menu bos qui estoit entre la grande Haie d'Estensaule et la ville de Bouller laquele haie fu cherchemenée divisée et itaiee en tele maniere que une partie dut demourer pour la grande haie warder. une autre partie es aisances de la vile de Bourler et une autre partie a essarter. et comme cele partie qu'on devoit essarter soit essartee et cultivee en plusieurs parties desques à la grant haie par les hommes de Bourler. et comme je Jehans de Soissons sires de Cymai demandasse partie dou terrage de ce qui essarte estoit en ce mesme liu et demandasse avec ce un gitte pour mes chiens et por mes sergeans, chacun an, en la maison que la devant dite eglise a a Bourler. Je fais a savoir a tous que je le giste des chiens et des sergeans leur cuite entierement et pardurablement por moi et por mon oir et leur cuite entierement tout le terrage de tout ce qui essarte est au liu devant dit. et apres je fais a savoir que tous ce qui est demoure a essarter de ce meme bos devant dit que l'eglise devant dite le puet dener a essarter as hommes de Bourler, seur tele condition qu'il l'aient essartee dedans le termine de quatre ans. et sera li terrage de toute la terre a la devant dite eglise. et s'il ne l'avoient essartee dedans le termine des quatre ans devans dit, la devant dite eglise le porroit essarter, cultiver, labourer et traire a son propre iretage et por que ces convenances devant dites soient fermes et staules perdurablement, je Jehans devant dit ai denet à la ci devant dite eglise ces presentes lettres sceslées de mon scel. — Ce fu fait en lan de l'Incarnation Notre-Seigneur mil deux cens ans et cinquante et wit ans, elmois de septembre en la maison de Viler.

261. — Page 434

JEHAN DIT DE BOURLERS BOURGEOIS D'AVESNE CONFIRME A SAINT-MICHEL LA POSSESSION DES TERRES ET PRÉS QUI LUI AVAIENT ÉTÉ DONNÉES PAR JACOB, CURÉ D'AUBENTON.

1259. — Acte passé sous l'autorité de l'official de Laon qui constate que maître Jacob dit d'*Inbanton*, autrefois chanoine de Laon, ayant donné à l'abbaye de Saint-Michel certaines terres et certains prés situés sur les territoires de Bourlers et de Cymai, il arriva à la mort du donateur que Jean dit *de Bourler*, demeurant à Avesnes, son frère et son heritier, réclama ces propriétés comme lui appartenant par droit de succession, et qu'après de longues discussions il finit par abandonner ses prétentions moyennant une somme de trente livres blanches qui lui furent délivrées par les moines. — Fait l'an 1259, au mois de juin.

262. — Page 436

LETTRES DE LA CURIE DE LAON AU SUJET DES TERRES ET PRÉS DE BOURLERS

1259. — L'officialité de Laon déclare que devant sa juridiction Jean de Bourler demeurant à Avesnes, maître Jean son fils, prêtre chapelain de Laon, l'un frère et l'autre neveu de Jacob dit *d'Aubenton*, autrefois chanoine de Laon, ont renoncé à toutes prétentions sur les terres prés et autres possessions donnés par ce dernier au monastère de Saint-Michel, sur les territoires de Bourlers et de Cymai, et se sont engagés à lui en garantir la pleine et entière possession selon les lois canoniques et civiles. — Fait l'an 1259, au mois de juin.

263. — Page 438

L'ABBAYE DE SAINT-MICHEL CÈDE LA MOITIÉ DU MOULIN DE FLAVIGNY A JEAN DE CHATILLON MOYENNANT UNE RENTE DE CINQ MUIDS DE BLÉ

1256. — Charte en langue vulgaire par laquelle Jean de Chastillon, comte de Blois et sire d'Avesne, déclare que l'église de Saint-Michel lui a cédé « la moitié du moulin de Flavigny de lès Guise et toute la droiture que li abbé et li couvent avoient eu contre lui. moyennant cinq muids de blé à la mesure de Guise les quels lui et ses hoirs seront tenus à toujours de payer chacun an as molins de Flavigny a l'abbé et au couvent de Saint-Michel où à leur message dedans la quinzaine de la Nativité de Notre Seigneur.

« Dans le cas ou les moulins de Flavigny viendroient en telle défaute qu'ils ne puissent moudre, les cinq muids de blé seroient pris sur les moulins de Guise ». — Fait l'an 1256, au mois de janvier.

264. — Page 439

DE TROIS MUIDS DE VIN DUS PAR SAINT-MICHEL A L'ABBAYE DE BOHÉRIES

1257. — Charte d'Almoric (*Almoricus*), abbé de Bohéries, de laquelle il résulte que son monastère était depuis longtemps en instance contre celui de Saint-Michel devant l'officialité de Laon, au sujet de trois muids de vin blanc qui lui étaient dus par ce dernier pour la cession faite autrefois à Saint-Michel de deux pièces de vignes situées sur le territoire de Vaux-sous-Laon, l'une au lieu dit le Clos et l'autre au lieu dit la Plante, et qu'enfin le tribunal de l'officialité a rendu la sentence suivante en faveur de Bohéries : « Tant que les religieux de Saint-Michel détiendront les deux pièces de vignes objet de la contestation, qu'ils reconnaissent provenir de Bohéries, ils seront tenus de délivrer chaque année au moment des vendanges trois muids de vin blanc pris à la cure et provenant des mêmes vignes. L'abbaye de Bohéries n'aura rien autre chose à exiger pour les dites vignes. » — Fait l'an 1257, au mois de juin.

265. — Page 140

DE QUELQUES TERRES SUR SAINT-CLEMENT DONNÉES A SAINT-MICHEL
PAR JEAN CURÉ DE PLOMION

1248. — Maître Théodebald de Baya, chanoine et official de Laon, déclare qu'en sa présence, maître Jean curé de *Ploumion* a reconnu avoir donné en pure et perpetuelle aumône aux moines de Saint-Michel quatre moyées (*modielas*) et dix jalois de terres labourables situées sur le territoire de Saint-Clément, savoir : trente-deux jalois au lieu dit *la Fousse béton*, quinze jalois au lieu dit *le sart Odon*, huit jalois situés au-dessous des dits quinze jalois ; plus trois autres jalois situés de l'autre côté des dits quinze jalois ; que le dit Jean a donné en outre aux dits religieux la grange qu'il possédait à Saint-Clément, devant l'eglise, le tout, terres et granges pour en jouir après sa mort. — Fait l'an 1248, le troisieme jour après l'octave des apôtres Saint-Pierre et Saint-Paul.

266. — Page 441

LOCATION DES TERRES ET DE LA GRANGE DE SAINT-CLÉMENT

1259. — Maître Jean de Dammarie, official de Laon, déclare que, devant son mandataire spécial, Guillaume dit *de Bureles* a reconnu avoir pris à bail, des religieux de Saint-Michel pour une durée de onze ans à partir du jour de la Nativité, les terres et la grange qui leur ont été données sur Saint-Clément par Jean, autrefois curé de Plomion, à l'exception d'une terre de trois jalois au lieu dit *Yvereul* qui est tenue par Siger clerc, fils de défunt Bernard de Blicy. Le bail est fait moyennant dix livres tournois que le dit Guillaume s'engage à solder chaque année entre les mains des religieux. — Fait l'an 1259, au mois de janvier.

267. — Page 444

DE LA FERME DE CLANLIEU

1249. — Gerard, abbé de Saint Martin de Laon, déclare qu'il a concédé à titre de permutation, aux religieux de Saint-Michel, la moitié du terrage qu'il percevait sur six moyées (*modietas*) de terre labourable à la mesure de Guise, situées sur le territoire de Vilencel, au-delà du bois du seigneur de Puisieux vers le village, lesquelles terres sont cultivées par les habitans de Puisieux; réserve faite des dîmes que l'abbaye de Saint-Martin a l'habitude de percevoir sur lesdites six moyées de terre; il reçoit en échange de la part des religieux de Saint-Michel la moitié du terrage d'une pièce de terre située sur le territoire de Clanlieu qui appartient à Saint Martin de Laon, le terrage de neuf jalois et vingt-cinq verges d'un petit bois contigu au bois de Clanlieu, la dîme et le terrage d'une petite pièce de terre appelée la terre des Autels, située aux Ronces-sous-Le Herie, contenant quatre jalois de semence ou environ, mesure de Guise, etc. — Fait l'an 1249, au mois d'octobre.

268. — Page 445

SAINT-MICHEL DONNE A BAIL AUX TEMPLIERS LA DIME DES TERRES
QU'IL POSSÈDE A BERTAIGNEMONT

1258. — Nous frère Foulques de Saint-Michel, grand maître (*preceptor*) des maisons du Temple de France, faisons savoir que d'après le conseil et avec le consentement de nos frères, nous avons pris à bail des moines de Saint-Michel et du curé de Landierfait, les dîmes et terrages qu'ils possédoient sur le territoire de nostre maison de Bertignemont et sur les cultures situées au-dessous de la voie par laquelle on va de Guise à Toursi, moiennant une rente annuelle de douze jalois de blé, tel qu'on le rend pour les dîmes et le terrage, de ces douze jalois de blé, sept seront à la mesure de Landierfait et cinq à la mesure de Guise ; notre maison de Bertignemont sera chargée de fournir chaque année cette rente aux religieux de Saint-Michel et au curé de Landierfait dans l'octave de la Saint-Martin d'hiver. — Fait l'an 1258, au mois de juin.

269. — Page 446

CHAQUE FEU DANS LA VILLE DE ROCHEFORT DOIT UN DENIER CHAQUE ANNÉE AU COUVENT DE SAINT-MICHEL

1248. — Jehan, doyen de la chrétienté de Laon, fait savoir qu'en sa présence, Baudouin, maïeur de Rochefort, les échevins et les jurés de la même communauté, ont reconnu devoir à perpétuité, à l'église de Saint-Michel une redevance annuelle d'un denier monnoie de Valenciennes par chaque maison, la dite redevance payable le jour de la fête de saint Algis confesseur.

Pour plus de sûreté de cette obligation, le maire et les jurés de Rochefort ont voulu la reconnaître par lettres de l'évêque de Laon et de son officialité, qui ont été délivrées aux religieux de Saint-Michel. — Fait l'an 1248, au mois de mars.

270. — Page 447

DONATION D'UN MUID DE BLÉ AUX RELIGIEUX DE SAINT-MICHEL SUR VOULPAIX, HAUTION ET LAIGNY

1260. — Maître Jean de Dammarie, official de Laon, déclare que, devant son mandataire spécial, Gobert, chevalier (*armiger*) de Haution, fils de Raoul chevalier dit *de Laengnis*, a reconnu que ses antécesseurs, ont accordé en pure et perpétuelle aumône, aux religieux de Saint-Michel, pour la refection des frères, un muid de blé de rente annuelle, assigné sur les terrages de Voupais, de Laaingnis et de Haution, lequel muid est possedé en ce moment par le dit Gobert, qui s'engage à le solder entre les mains des religieux tous les ans après Noël. — Fait l'an 1260, au mois de mai.

271. — Page 147

LETTRES DE ROGER DE ROZOY AU SUJET DU MOULIN DE DOHIS

1224. — Roger de Rozoy, seigneur de Chaumont, fait savoir aux membres de l'officialité de Reims qu'afin de régler les difficultés qui étaient survenues entre sa mère, d'une part, et les religieux de Saint-Michel de l'autre, au sujet de la propriété de la moitié du moulin de Dohis, il approuve le choix fait des experts ci-après désignés, savoir : Gauthier, chanoine de la grande eglise, O..., doyen de Saint-Jean-au-Bourg et Ponchard, chanoine de l'eglise de Saint-Pierre-au-Marché de Laon ; il déclare en outre qu'il s'en rapportera à la décision des dits experts et que dans le cas où ils n'accepteraient pas cette mission dans le délai de trois mois, il en référerait à l'officialité de Reims. — Donné au mois d'avril 1224, le lendemain du dimanche qu'on chante *Misericordias Domini*.

272. — Page 448

LETTRES DE L'ARCHEVÊQUE DE REIMS CONSTATANT QU'IL N'A PAS LE DROIT
DE GITE DANS LES DOMAINES DE SAINT-MICHEL

1260. — Thomas, archevêque de Reims, ayant passé la nuit dans la cour de Jeantes qui appartient aux religieux de Saint-Michel, déclare qu'il s'y est logé à ses frais, afin que cette circonstance ne puisse venir à préjudice aux dits religieux dans l'avenir. — Donné l'an 1260, la veille de la Circoncision de Notre-Seigneur.

273. — Page 449

LETTRES DE L'ÉVÊQUE DE LAON AU SUJET DE LA FONDATION DE LA CHAPELLE
D'AUBENTON (SAINT-NICOLAS) QUI SERA ÉRIGÉE EN CETTE PAROISSE APRÈS
LE DÉCÈS DE THOMAS, CURÉ DE LA VILLE.

1259. — Itier, par la permission divine évêque de Laon, à tous présents et à venir salut. une très grande multitude d'hommes (*maxima multitudo hominum*) étant venue se fixer à Aubenton et la population de la ville s'augmentant chaque année, il y a péril imminent à laisser à un seul pasteur le soin et la direction d'une si grande multitude ; c'est pourquoi, considérant qu'il appartient à notre sollicitude paternelle de pourvoir au salut des âmes, nous avons avec l'assentiment de l'abbé et des religieux de Saint-Michel, patrons de la paroisse, de maître Thomas curé de la dite paroisse et de tous les habitans de la dite ville ordonné ce qui suit, savoir : sur l'emplacement situé en la ville d'Aubenton entre la maison de Colard dit *Marvel*, d'un côté, et le grand pont de l'autre, entre la maison de Gerard Carlier, du côté de l'orient, et celle de Juliard dit *Oimi*, du côté de l'occident, lieu où a été édifié l'oratoire, il sera fondé et érigé une chapelle d'une valeur de douze livres parisis de rente, dont la moitié sera faite chaque année sur les surcens ou revenus que Pierre dit *de Braban* et Eremburge sa veuve ont légués aux pauvres de la dite ville, et l'autre moitié sera acquise dans la ville d'Aubenton, ainsi que noble homme Nicolas jadis seigneur de Rumigny et d'Aubenton et noble dame Elisabeth, sa veuve, y ont donné leur consentement. Pour acquérir ces six dernières livres, nous donnons aux hommes d'Aubenton et sur leurs instances un délai de huit ans à partir de la date des présentes lettres. Si dans le délai des dites huit années, les six livres ne sont pas acquises intégralement, les habitans et le chapelain alors en exercice seront tenus d'y suppléer jusqu'à la concurrence de quarante sols parisis mais pas plus. L'abbé et les moines de Saint-Michel auront le droit de patronage dans la dite chapelle et y présenteront une personne convenable qui sera soumise à notre approbation et installée par notre autorité, sauf le droit de l'eglise paroissiale, sauf aussi que le dit chapelain prêtera serment de fidélité entre les mains du curé au sujet des offrandes et des revenus qu'il aura à recevoir ; le dit chapelain sera tenu de célébrer la messe au moins quatre fois par semaine dans la dite chapelle et de venir en aide au curé toutes les fois que cela sera nécessaire. La chapellenie durera tant que maître Thomas sera curé d'Aubenton. Aussitôt que le dit Thomas aura cessé d'être curé de la paroisse celle-ci sera divisée en deux parties, de telle manière que le chapelain qui sera alors en titre deviendra curé de la nouvelle paroisse et sera chargé du soin des hommes demeurant au-delà de la rivière d'Aubenton, c'est-à-dire de la partie où était fondé l'oratoire, le droit de présentation ou de collation à la dite paroisse appartiendra à l'abbaye de Saint-Michel. Le curé qui aura remplacé maître Thomas dans l'ancienne église aura la direction de tous les habitans demeurant du côté de l'eau où se trouve l'église majeure ; il occupera la maison du dit Thomas et jouira du jardin, de toutes les grosses dîmes du territoire avec le droit de reportage (*reportagium*) ainsi qu'en jouissait son prédécesseur, il percevra aussi les menues dîmes mais seulement dans les limites de sa paroisse et non ailleurs, il en sera de même des oblations, offrandes et tous autres droits paroissiaux qui sont ou pourront être dans l'avenir, à l'exception des droits que l'abbé et le couvent de Saint-Michel ont l'habitude de percevoir comme patrons, les jours de Noël, de la Purification de la Vierge et de Pâsques. L'autre curé aura les menues dîmes et les autres revenus dans sa circonscription, ainsi que les offrandes, oblations et autres droits, sauf ceux que l'église de Saint-Michel est accoutumée à recevoir aux jours indiqués plus haut. Si maître Thomas venait à cesser d'être curé d'Aubenton par permutation, tant qu'il vivra les choses resteront dans l'état et ce ne sera qu'après sa mort que la division des deux paroisses sera opérée comme il est dit ci-dessus. En honneur et en révérence de l'ancienne église, nous voulons et ordonnons que la messe ne soit pas célébrée dans le nouvel oratoire aux fêtes de l'Annonciation, de l'Assomption de la Vierge et de sa Nativité, ces jours-là, le chapelain ou le curé accompagné de tout son peuple, se rendra processionnellement à l'ancienne église, à l'heure de la messe, par révérence pour la bienheureuse Vierge en l'honneur de laquelle elle a été consacrée. Dans la crainte de la diversité des volontés des hommes administrant les revenus du dit oratoire, nous voulons et ordonnons qu'il restera toujours à la même place et ne sera jamais transféré dans un autre lieu. Nous voulons et ordonnons aussi, avec le consentement de maître Thomas curé d'Aubenton et celui des habitans de ladite ville, que les religieux de Saint-Michel ne soient tenus en rien pour l'entretien et les réparations de la dite chapelle, les missels ou autres livres qui lui sont nécessaires, tant quelle existera comme chapelle ou comme paroisse, lorsqu'elle aura été érigée en paroisse.

Si l'une ou l'autre église de la ville d'Aubenton venait à tomber dans un état de détresse qui ne puisse plus permettre au curé de vivre convenablement (*commodè*) suivant les prescriptions synodales, l'abbé et le couvent de Saint-Michel seront tenus de lui fournir le nécessaire dans la proportion du *minimum*. Nous voulons et ordonnons, de consentement avec maître Thomas curé et les habitans d'Aubenton, que la division en deux paroisses ne cause aucun dommage ou préjudice aux dits abbé et religieux, mais qu'elle soit au contraire tout à leur avantage. En témoignage de quoi nous avons muni les présentes lettres de notre sceau. — Donné l'an 1259, au mois de juin.

274. — Page 453

SAINT-MICHEL MET SES BOIS SOUS LA PROTECTION DE JACOB D'AVESNES
ET L'AUTORISE A CONSTRUIRE UNE MAISON FORTE

1183. — Qu'il soit connu de tous par ces présentes que l'église de Saint-Michel-en-Thiérache étant gravement inquiétée par plusieurs à l'égard de certains de ses bois, elle a, d'après le conseil d'hommes prudents, choisi pour avoué Jacob d'Avesnes et ses héritiers et les a faits participants de ces mêmes bois (*et predictorum nemorum fecit participes*) ; de plus, qu'elle a autorisé ledit Jacob et ses héritiers à construire une maison forte (*fortem domum*) dans tout son fonds, excepté dans les villes de Saint-Michel et de Rochefort ; à ces conditions Jacob d'Avesnes promet de défendre les bois de Saint-Michel contre toute attaque. — Fait l'an 1183, au mois de janvier.

275. — Page 453

CHARTE DE MATHIEU, ABBÉ DE FOIGNY, RAPPELANT L'OCTROI DES TERRES
DE LANDOUZY-LA-VILLE PAR RAOUL DE COUCY ET ROBERT, ABBÉ DE
FOIGNY.

(....) — Je frere Mahius abbes de Foisni et li couvent de ce meisme liu et Thoumas de Couci sire de Vervins commun signeur de Landouzis la Vile faisons savoir a tous ciaus qui ceste charte verront que Robers jadis abbes de Foisni et Raous jadis sires de Marle peres de moi Thoumas commun signeur de Landousis la Ville donnerent et otroierent as hommes de Landousis la Ville toute la terre de Landousis en cette fourme c'est à dire que de chascune masure il seront tenut a paiier chascun an au commun maiieur de celle meisme vile ou nom des communs signeurs par devant les eschevins, ij chapons a vi deniers louisiens au Noeil, et à la Nativité saint Jean Baptiste ensement vj deniers louisiens, en teil manière que se dedens la feste de Saint Jhean léwangéliste après Noeil des ij chapons et les vi deniers louisiens et le jour Saint-Jean-Baptiste des vi louisiens nait mie esteit fait creans en la manière devant dicte chascun qui defaurroit del paiement renderoit cel meisme cens et ij sols pour lamende. a ces chapons et a ces deniers devant dis paiier en la manière et as termes devant nommes est tenus chascuns bourjois de la vile jasoit ce que il nait mie en la vile. après chascuns bourjois est tenus à paiier au maiieur par devant les eschevins le jour de saint Martin en yver ij deniers louisiens pour stalage sur peine de vi sols et vi deniers. — Sans date. (*On peut placer cette charte à l'année 1249*).

CE SONT LES PARROICHES DOU PATRONNAGE DE SAINT-MICHIEL

Notre-Dame d'Aubenton	VI liv.
Saint-Nicolas d'Aubenton	L s.
Leuse	IV liv.
Hirson	IV liv.
Wimy	LX s.
Estrées	VI liv.
Saint-Algis	IV liv.
Chevennes	XXXII s.
Sains	IV liv.
Lehéries	L s.
Houssel	XXXII s.
Landierfaits	C s.
Luignies	LX s.
Marfontaine	XL s.
Sissonne	X s.
Flavigny-le-Petit	*Pauper*
Jantes	L s.
Daamgnys	XXXII s.
Saint-Michel	C s.

ACTES D'ASSOCIATION

276. — Page 306

DE LA SOCIÉTÉ DE SAINT-MICHEL AVEC L'ABBAYE DE STAVELOT

1169. — L'ancienne société qui avait existé autrefois entre Saint-Michel et l'abbaye de Stavelot est renouvelée à la demande d'Erlebalde, abbé de cette dernière maison. Il sera célébré dans chaque monastère un service de trente messes (une par jour), pour les abbés décédés dans l'autre et un service de sept messes seulement pour chaque frère. Chaque année au jour les plus proche après l'Octave des Apôtres chaque maison fera faire un service solennel pour les morts de l'autre maison. En raison de cette association, l'abbaye de Stavelot accorde à l'abbaye de Saint-Michel un droit de capitation annuel par chaque homme appartenant à l'autel de Saint-Remacle et habitant entre le château de Guise et Rumigny ; de son côté l'abbaye de Saint-Michel donnera chaque année deux sols catalauniens, à l'autel de Saint-Remacle le jour de la Saint-Jean-Baptiste.

277. — Page 307

DE LA SOCIÉTÉ DE SAINT-MICHEL AVEC SAINT-NICOLAS DE RIBEMONT

(....) — Entraînées par un sentiment de charité mutuelle les églises de Saint-Michel et de Saint-Nicolas-sous-Ribemont, du consentement de leurs chapîtres, font entre elles une société à la vie et à la mort (*tam in vitâ quam in morte*) ; il est convenu que si un moine de Saint-Nicolas, soit par un sentiment de religion, soit à cause de tracasserie et d'oppression voulait se retirer pour quelque temps dans l'abbaye de Saint-Michel, il y sera reçu et participera tant au chapître qu'à toutes les choses communes de la maison, jusqu'à ce qu'il soit réclamé en paix et sécurité par son abbé, à moins qu'il ne soit accusé de vol, où d'opinions mauvaises (*exceptâ vel furti vel prave opinionis culpâ*). On priera dans chaque monastère pour les religieux décédés dans l'autre, trente messes pour un abbé, sept pour un moine et trois pour chaque prêtre (*et a singulis sacerdotibus tres missas*). — (Sans date.)

278. — Page 308

SOCIÉTÉ ENTRE SAINT-MICHEL ET L'ABBAYE D'HAUTMONT

1203. — Raoul, abbé d'Haumont, et Raoul, abbé de Saint-Michel, font connaître à tous, qu'autrefois les abbés Wuillaume de Saint-Michel et Robert d'Haumont avaient établi entre les religieux de leurs monastères une communauté de prières pour les défunts; ces prières consistaient en trente messes pour un abbé avec prébende (*cum prebendâ*), trente messes également pour un religieux profés mais avec une seule prébende le premier jour ; une messe pour chaque prêtre, un psaultier (*unum psalterium*) pour ceux qui ne sont pas prêtres et cinquante *Miserere mei* et autant de *Pater* pour les simples laïques. Les deux abbés déclarent en outre que voulant renouveler cette société et y ajouter de nouvelles conditions ils ont avec le consentement de leurs chapitres arrêté ce qui suit.

La dite société est établie entre les deux maisons tant pour la vie que pour la mort.

Si un religieux de Saint-Michel entraîné par un sentiment de dévotion ou déterminé par quelques tracasseries voulait venir demeurer dans l'abbaye d'Hautmont il pourra y rester tant qu'il le jugera à propos et participera comme les profés de la même abbaye aux assemblées capitulaires et aux exercices de l'église, jusqu'à ce que, reconcilié avec son abbé, il retourne en paix dans son monastère. Sont exceptés de cette faveur les religieux accusés de vol ou de vices honteux ainsi que ceux que toute religion des fidèles répudie et qui auraient été chassés de leur monastère ; il en sera de même pour ceux qui auraient porté la main avec violence sur leur abbé. Si l'abbé de Saint-Michel, irrité, venait réclamer brusquement un de ses moines réfugié dans le monastère d'Hautmont, le religieux ne serait pas rendu avant que l'abbé et le chapitre ne se soient assurés de sa culpabilité. Si un religieux du couvent d'Hautmont venait à être transféré canoniquement dans un autre monastère, il ne perdra rien des droits de la présente association ; ils le suivront intégralement et perpétuellement.

Afin de rendre cette association plus ferme et plus sûre, et pour la rappeler plus souvent à la mémoire, l'abbé de Saint-Michel, tout prétexte mis de côté, viendra chaque année à Hautmont célébrer la grande fête de saint Pierre, patron de l'abbaye, et tant qu'il y sera, il aura la pleine puissance, jugera, disposera et ordonnera selon le réglement de la maison ; par réciprocité, l'abbé d'Hautmont sera tenu de faire la même chose à Saint-Michel le jour de la fête de saint Michel. S'il arrivait, ce qu'à Dieu ne plaise, que la dissension survînt entre l'abbé de Saint-Michel et ses religieux, l'abbé d'Hautmont se transportera immédiatement sur les lieux accompagné de personnes discrètes et cherchera à ramener la paix ; s'il trouve les moines coupables et rebelles, ne voulant pas acquiescer à sa volonté, il prendra le parti de l'abbé et lui viendra en aide au moyen de toutes ses forces, même de son argent si cela est nécessaire. Si c'est l'abbé qu'il trouve coupable, ennemi de la paix et de la concorde, méprisant ses prières et ses avertissements, il défendra les moines. Lorsqu'on apprendra à Hautmont la mort d'un abbé ou d'un moine de Saint-Michel l'abbé aura exactement son *tricenaire* et le moine *son septenaire* avec prébende dans l'église (1) ; on célébrera trois messes pour chaque prêtre, on fera pour les autres ce qu'on est habitué de faire pour les profès du lieu ; de plus ils seront inscrits sur le nécrologe de la maison et auront leur prébende au jour de leur anniversaire. On agira de même dans l'abbaye de Saint-Michel, comme témoignage le plus complet de la charité mutuelle qui unit les deux maisons. — Fait l'an 1203, au mois de mai.

(1) *Tricenarium*, service de trente messes, une par jour, qu'on célébrait pour les défunts. Le *septenaire* se composait de sept messes.

ICI COMMENCENT
LES PRIVILÈGES DES PAPES

279. — Page 1

LE PAPE AUTORISE LA MODIFICATION DU RÈGLEMENT

(....) — Alexandre, serviteur des serviteurs de Dieu, sur la représentation qui lui a été faite par son cher fils l'abbé de Saint-Michel, que l'observance des règlements était devenue pour sa maison d'une très grande difficulté par suite des additions diverses qui ont été ajoutées à la règle générale par Grégoire son prédécesseur, les légats ou autres personnes autorisées du Saint-Siège ; considérant, dans sa sollicitude paternelle, qu'il peut résulter de cette sévérité de graves inconvénients pour la maison ; Autorise l'abbé et ses successeurs à ne plus s'assujettir aux dits règlements en tant qu'ils sont en dehors de la règle générale et leur permet d'absoudre les religieux qui auraient été punis pour défaut d'observation des dits règlements. — Donné le 12 des Calendes de janvier, la première année de son pontificat.

Note. — *Ce titre émane très probablement d'Alexandre III, qui fut pape en 1159.*

280. — Page 2

LE PAPE AUTORISE L'ABBAYE DE SAINT-MICHEL A PERCEVOIR LA DÎME DES NOVALES

(....) — Innocent, serviteur des serviteurs de Dieu, à la sollicitation de son cher fils l'abbé de Saint-Michel, l'autorise à percevoir la dîme des novales dans les lieux où il est accoutumé à percevoir les dîmes anciennes. — Donné le 9 des Calendes d'août, deuxième année de son pontificat.

Note. — *Charte due probablement à Innocent II, qui fut pape en 1130.*

281. — Page 3

BULLE DU PAPE A L'ARCHEVÊQUE DE REIMS POUR LA CONSERVATION
DES BIENS DE L'ABBAYE

(....) — Clément, serviteur des serviteurs de Dieu, à la sollicitation de ses chers fils les abbé et religieux de Saint-Michel, mande à l'archevêque de Reims et à ses suffragants de veiller à la conservation des propriétés de l'abbaye et d'employer l'autorité des témoins et la censure ecclésiastique pour faire rentrer dans ses mains les biens qui auraient été distraits ou aliénés d'une manière illicite. — Donné à Avignon, le 5 des Ides de mai, la deuxième année de son pontificat.

NOTE. — *Cette bulle doit être attribuée à Clément III, qui monta sur le siège pontifical en 1187.*

282. — Page 311

BULLE DU PAPE INNOCENT II, CONFIRMATIVE DES BIENS DE L'ABBAYE
DE SAINT-MICHEL

1138. — A la sollicitation de Léon, abbé de Saint-Michel, et sur l'intervention de Barthélemy, évêque de Laon, le pape Innocent II confirme au monastère tous les biens qu'il possède ou qu'il possèdera dans l'avenir justement et canoniquement, soit par concession des pontifes, largesses des rois et des princes, offrandes des fidèles, et par tous autres moyens justes et utiles à Dieu. Parmi ces biens sont :

La rédécimation (*dixième de la dîme*) des produits de la terre dans l'évêché de Laon ;

La dîme du vin, qui est perçue par tête dans les deux doyennés de Rozoy et de Thiérache, du même évêché ;

Un pain par chaque maison avec l'offrande de la cire ;

Trois fertons d'argent dus par Saint-Martin de Laon, à toucher chaque année ;

Seize sols dus également chaque année par l'église de Saint-Nicolas de Clairfontaine ;

Douze sols sur Hirson ;

Cinq sols sur Wimy ;

Le droit de tonlieu (*theloneum*) le jour de la fête de Saint-Michel ;

Les autels de Aignies, — de *Lousa*, — de Chevesnes, — de *Planeto*, — de Marfontaine, — de Tyubies, — de Choignies, — de Mont-Saint-Martin, — de *Lehersiaco*, — de *Sanctis*, — de Rogeries, — de Saint-Algis, — de Sessonne, — de Boncourt, — de Luegnies, — de Oheries, — de Jeantes.

Aussi l'autel de *Combes superior* avec sa case (*cum câsa suâ*) ;

L'autel de Blici avec sa case ;

L'autel de Fontaines avec sa case ;

L'autel d'Estrées avec sa case ;

L'autel de *Gerigniacus* avec sa case et tout l'*alea* de la dite ville ;

La case de *Combes inferior* ;

D'une partie de la case dans la ville appelée Ogies ;

La chapelle d'Hirson ;

La case de l'église de Saint-Clément.

Dans la ville d'Estrées (*Etreaupont*), la moitié de l'alleu tel que noble dame Rascende de Lafère est reconnue l'avoir possédé ; la partie également qui a appartenu à illustre dame Agnès de Péronne, ainsi que la portion que Robert Mutellus tenait de sa femme Elisabeth dans le même alleu, à l'exception de l'avouerie de la pêche, de la chasse et de deux maisons qu'il a réservées l'une pour son héritier, l'autre pour son agent (*ministro suo*) ;

Dans l'alleu de Flavigny (*Flavigny-le-Petit*) la moitié du moulin de la dite ville et le tiers d'un muid de froment dû par l'abbaye d'Homblières ;

L'alleu que Gerard de Wospais et Wido de Marle son frère ont possédé sur Luegnies ;

Le Moulin d'Hirson.

Dans la ville appelée Jeantes, toute la terre enfermée par les eaux de la Gentelle et du Grand-Ruisseau ;

La forêt avec la découverte des abeilles.

Le pape confirme en outre tout ce que l'évêque Barthélemy et ses prédécesseurs ont donné aux religieux de Saint-Michel et termine ainsi :

Nous défendons à qui que ce soit de vous troubler dans vos possessions, de les diminuer, de les retenir après les avoir enlevées et de vous inquiéter par quelque tracasserie que ce soit ; nous voulons que tout ce qui vous a été donné, soit conservé pour votre gouverne, votre nourriture et vos usages.

Si quelqu'un était assez téméraire pour enfreindre nos prescriptions et s'il ne venait pas à satisfaction après trois avertissements, qu'il soit déclaré avoir forfait à l'honneur, qu'il soit fait étranger au très saint corps et au sang de Jésus-Christ notre seigneur et notre rédempteur, et qu'au jugement dernier, il soit jeté dans le district de la vengeance (*atque in extremo examine, districte subjaceat ultionis*); que ceux au contraire qui conserveront ces biens, soient dans la grâce du Dieu tout puissant et des bienheureux Pierre et Paul ses apôtres. — Donné le 7 des Ides de décembre de l'année 1138, neuvième année du pontificat d'Innocent IV.

283. — Page 313

PRIVILÈGE ACCORDÉ A SAINT-MICHEL PAR LE PAPE ALEXANDRE III

1169. — Alexandre, serviteur des serviteurs de Dieu, à la demande de Willemus abbé de Saint-Michel et pour donner plus d'éclat à la dévotion sincère des frères qui suivent la profession religieuse dans le présent et dans l'avenir, déclare qu'il prend sous la protection des apôtres saint Pierre et saint Paul et sous la sienne propre, le monastère de Saint-Michel où il veut que la règle de saint Benoît soit inviolablement observée dans le présent comme dans l'avenir.

Il confirme ensuite tous les biens que le monastère possède en ce moment et possédera dans l'avenir légitimement et canoniquement, soit par concessions des pontifes, largesses des rois ou des princes, offrandes des fidèles, ou tous autres moyens équitables :

L'alleu de Saint-Michel avec toutes ses dépendances, la ville qui existe dans le même alleu où est situé le monastère avec le moulin et les fours et tous les revenus de la dite ville, à l'exception de l'avouerie, trois corvées dues par chaque habitant de la dite ville, une pour la moisson des blés, l'autre pour la récolte des foins, la troisième pour la réparation des écluses ; de chacun de leurs animaux, une pour le charroi du blé, une autre pour le transport du vin et autres revenus que l'abbaye peut recevoir raisonnablement ;

Trois fertons d'argent et un muid de froment dus chaque année par l'abbaye de Saint-Martin de Laon ;

Seize sols monnaie de Valenciennes, plus douze autres sols dus par l'abbaye de Saint-Nicolas de Clairfontaine ;

Douze deniers sur Hirson ;

Cinq sols sur Wimi ;

Vingt deniers de bonne monnaie sur Avaus ;

Seize deniers sur Tuvegnies (*Tupigny*);

Vingt-cinq sols dus par les religieux du Val-Saint-Pierre ;

Cinq sols dus par Foigny pour Alberton (*pro Alberton*) ;

Le tonlieu le jour de la fête de Saint-Michel.

Les autels de *Agnis*, — de *Lousa*, — de Chevesnes, — de Marfontaines, — de Tiubies, — de *Planeto*, — de *Lehersiaco*, — de *Landierfageto*, — de Sains, — de Saint-Algis, — de Woheries, — de Jantes, — de Wimi, — de *Sessona*, — de Boncourt avec ses dépendances, et leurs dots, — de Fontaine avec sa case, — de *Estrata* avec sa case et ses dépendances, — de Gerigny avec sa case, — de Flaveni avec sa case et sa dot, — de *Choigniaco* avec sa case et sa dot, — de Rogeries avec sa dot et la moitié de sa case, — de Blici avec moitié de la case et de la dot, — du Mont-Saint-Martin avec le quart de sa case, — de *Combes superior* avec sa case, — de Tiubies ;

L'autel de Buires avec la case et son domaine (*cum villicatione*), — la case de *Lusorio*, — la case de *Combes inferior*, — deux parties de la case de la ville appelée Oges, et tout ce qui dans la même ville a appartenu à Elisabeth femme d'Ason, — la case de l'église de Saint-Clément;

La chapelle d'Hirson ;

La dîme de Estrépelmont ;

Deux parties de tout ce qui appartient à la paroisse de la ville de Saint-Michel et de la ville d'Hirson, tant de la dîme que des offrandes ;

L'alleu de Fontaine (*apud fraxinum*) ;

L'alleu de Fontaine (*apud ecclesiam*) avec toutes ses appartenances ;

La moitié du territoire de Blici avec l'avouerie, et la moitié de l'autre moitié avec la moitié des dîmes ;

L'alleu de Burler avec tous ses revenus et la sixième partie de la dîme ;

L'alleu de Buegnies avec l'avouerie (*Logny*) ;

L'alleu de Meruzies avec la dîme ;

L'alleu de Doïs (*Dohis*) avec ses revenus et la sixième partie de la dîme, plus trois sols pour le moulin de la même ville ;

L'alleu d'Estrées (*Etréaupont*) ses revenus et dépendances avec le moulin et le pontonnage ;

L'alleu de *Geriniaco* et pour le moulin quatre jalois de froment ;

L'alleu de *Crupeliaco*, avec ses revenus et douze deniers pour le moulin ;

L'alleu de Morenis ;

L'alleu de Luegnies avec ses revenus ;

Dans l'alleu de Flavigny, deux parties et sur le moulin de la même ville, deux parties également ;

Le moulin d'Hirson ;

Le moulin de Wimy ;

Le moulin de Luegnies (*Lugny*) qui doit moudre sans exiger de droits, pour toute la maison de Husel (*Housset*) ;

Dans la ville de Jantes, toute la terre qui est entourée par les ruisseaux de la Gentelle et du Grand-Riu, les bois de la même ville, moins les produits de la chasse, le moulin et le champ qui lui est adjacent ;

Deux charrues de terres, données par Pierre seigneur de Sissonnes libres de tout impôt ;

Les terres de Lehersies, de Housset, de Flavegni, de Harcegnies, de Cuirues (*Cuirieux*), de Dagny et de Gibercourt ;

La moitié du territoire de Puisois (*Puisieux*) ;

Deux muids de froment sur Colonfait (*Colonfay*) dûs chaque année par le seigneur du lieu ;

La moitié du territoire de Cheveignes (*Chevennes*) et dix jalois de froment dûs par le seigneur de la même ville ;

La moitié du territoire de Vilencel que les religieux de Saint-Michel ont cédée aux frères de Saint-Martin de Laon à la dixième gerbe ;

A Cuiry, deux parties de la dîme sur quatre ;

A Bailous la sixième partie de la dîme ;

A Cuin (*Coingt*) six jalois de froment ;

A Buceli (*Bucilly*) moitié d'un muid de froment ;

A Boncourt six muids de froment ;

A Wategnis (*Watignis*) six muids et quatre jalois de froment dus par les frères de Foigny ;

Les vignes de Vaux-sous-Laon, c'est à dire la vigne de Nanter, la vigne de Valcele, la vigne de *Carares*, avec la dîme et le vinage, la vigne dite Efforcies, et un muid au clos royal sur Ungival ;

Le droit accordé à l'abbaye par noble homme Enguerrand de Marle, de transporter par toute sa terre cent muids de vin en pleine franchise ;

Le même droit pour tous les transports que l'abbaye peut avoir à faire dans la seigneurie de Rozoy, accordé par noble dame la comtesse de Rozoy et Renaud son fils.

Le pape confirme également toutes les décisions qui ont été prises par les évêques de Laon, à l'occasion des crimes et des torts de l'avoué et des seigneurs ; il ordonne que dans le cas ou l'avoué viendrait à quitter Saint-Michel pour se fixer en un autre lieu, il ne pourrait transmettre son autorité à un autre habitant, comme on a l'habitude de le faire depuis longtemps, et défend à qui que ce soit d'exercer cette charge.

Enfin il ordonne qu'en cas de mort de l'abbé, son successeur ne soit pas imposé par l'astuce et la violence, mais qu'il soit élu par le commun consentement des frères, ou la plus saine partie d'entre eux, selon la crainte du Seigneur et la règle de saint Benoît. Si quelqu'un venait à l'encontre............. (*suit la forme ordinaire d'excommunication*).

Donné à Bénévent, par la main de Gratien, sous-diacre et notaire de l'église romaine, l'an 1269, la 10ᵉ année du pontificat du pape Alexandre III.

284. — Page 319

DEUXIÈME CHARTE D'ALEXANDRE III, CONFIRMATIVE DES BIENS DE SAINT-MICHEL

1169. — Deuxième charte du pape Alexandre III par laquelle il confirme de nouveau les biens, privilèges et immunités du monastère. On y lit :

La rédécimation des produits de la terre dans l'évêché de Laon, la dîme du vin qui est perçue par tête, le pain et la cire dûs par chaque maison dans les doyennés de Rozoy et de Thiérache ;

Le terrage de Guise donné par noble homme Jacques d'Avesnes et Adéleide sa femme pour la restauration de l'église (*ad restaurationem ecclesiæ*) ;

La moitié du moulin de Flaveni, de la pêche et de la cour (*curia*) du dit moulin ;

La moitié du moulin d'Estrées, la moitié du stellage de la dite ville et de l'autre ville dite *Fracta strata* (*Froidestrées*) ;

La moitié du moulin de Saint-Eloque et de son vivier ;

La moitié du moulin de Dois (*Dohis*) et de son vivier ;

Le moulin de Jantes ;

Deux muids de froment dus par les frères de Dagny ;

La bulle se termine par l'autorisation accordée aux religieux de recevoir, nonobstant l'opposition des avoués, les biens qui leur sont offerts dans un sentiment de piété par les hommes habitant sur le fonds de l'abbaye. — Donné le 4 des Kalendes d'avril.

285. — Page 320

PRIVILÈGE ACCORDÉ A SAINT-MICHEL PAR LE PAPE HONORÉ IV

1285. — Le pape, à la demande de l'abbé et des religieux de Saint-Michel, prend sous sa protection et celle de saint Pierre et de saint Paul l'abbaye et toutes ses propriétés, spécialement les dîmes, les autels avec leurs dots, l'institution des élèves pour ces autels, les granges, les maisons, les forêts, les revenus, cens, eaux, droits de pêche, ainsi que tous les autres privilèges et immunités. — Donné à Péruse aux Nones d'août, la première année de son pontificat.

286. — Page 321

PRIVILÈGE DU PAPE GRÉGOIRE EN FAVEUR DE VILLEMARIE

1237. — Le pape Grégoire à la sollicitation de l'abbé de Saint-Michel prend sous sa protection et sous celle des Apôtres saint Pierre et saint Paul, les religieux de Saint-Michel ainsi que toutes leurs propriétés et particulièrement la maison de Villemarie. — Donné à Latran le cinq des Ides de juin, la troisième année de son pontificat.

287. — Page 322

BULLE DU PAPE INNOCENT IV, CONFIRMANT LES BIENS DE L'ABBAYE
DE SAINT-MICHEL

1244. — Dans cette bulle accordée comme les autres à la sollicitation de l'abbé et des religieux, le pape commence par ordonner que la règle de saint Benoît, sous laquelle le monastère est placé, y soit observée inviolablement et perpétuellement ; il déclare ensuite prendre sous sa protection et celle des Apôtres saint Pierre et saint Paul les biens, privilèges et immunités du couvent, dont suit la nomenclature :

Le lieu ou est établi le monastère avec ses dépendances ;
L'église de Saint-Michel et ses dépendances ;
L'église de Irechon (*Hirson*) et ses dépendances ;
L'église de *Wimiaco* (*Wimy*) et ses dépendances ;
L'église de *Estreia* (*Estréaupont*) et ses dépendances ;
L'église de *Sancto Algiso* (*Saint-Algis*) et ses dépendances ;
L'église de *Flavegniaco Parvo* (*Flavigny-le-Petit*) et ses dépendances ;
L'église de *Sanctis* (*Sains*) et ses dépendances ;
L'église de Chevesnes et ses dépendances ;
L'église de Houssel (*Housset*) et ses dépendances ;
L'église de *Luegnics* (*Lugny*) et ses dépendances ;
L'église de *Sissonia* (*Sissonnes*) et ses dépendances ;
L'église de *Jantavilla* (*Jantes*) et ses dépendances ;
L'église de *Leusa* (*Leuze*) et ses dépendances ;
L'église de Aubenton et ses dépendances ;
La chapelle située dans le château d'Hirson avec ses dépendances ;
La chapelle située à Estréaupont et ses dépendances ;
Deux chapelles situées à Sissonnes ;
La cour de *Bourleto* (*Bourlers*) et ses dépendances ;
La cour de Blici et ses dépendances ;
La cour de Fontaines et ses dépendances ;
La cour de Jeantes et ses dépendances ;
La cour de Sissonnes et ses dépendances ;
La cour de *Transliaus* et ses dépendances ;
La cour de Lerzy et ses dépendances ;

La cour de Flavigny et ses dépendances ;
La maison de Vaux (*Vaux-sous-Laon*) et ses dépendances ;
La maison de Villemarie et ses dépendances ;
La maison d'Estrées et ses dépendances ;
La maison d'Hirson et ses dépendances ;
La maison de *Morsella* et ses dépendances (*province du Hainaut*) ;
La maison de Dohis et ses dépendances ;
La maison située dans la forêt de Saint-Michel et ses dépendances ;
Les dîmes de tous les fruits de l'évêché, ainsi qu'il est plus amplement expliqué dans les anciennes chartes ;

Les offrandes, les revenus, cens, terres, vignes, prés, forêts, lègues, capitation, foi et hommages, et tous autres droits dus dans les lieux désignés ci-dessus.

Viennent ensuite les prescriptions ci-après :

Il n'est permis à qui que ce soit de vous réclamer des droits de dîme sur les novales que vous cultivez de vos propres mains ou que vous faites cultiver à vos frais, ainsi que sur toutes les choses destinées à la nourriture de vos animaux.

Si une personne soit clerc, soit laïque, mais libre, désirant s'éloigner du monde, demande à entrer dans votre maison, il vous est permis de la recevoir et de la retenir.

Nous empêchons que tout frère après sa profession faite dans votre maison, puisse s'en éloigner sans la permission de l'abbé ; nous défendons en outre à qui que ce soit, de recevoir celui qui s'éloignerait sans l'autorisation du supérieur.

Dans les temps d'interdiction générale, il vous est permis de célébrer l'office divin, mais à voix basse, les portes fermées, sans sonner les cloches et après avoir eu soin d'éloigner les excommuniés et les interdits.

Quant au saint chrême, à l'huile sainte, à la consécration des autels et des églises, à l'ordination des clercs qui doivent êtres faites par l'évêque diocésain, vous ne les accepterez de lui qu'autant qu'il sera catholique et en grâce et communion avec la sacro-sainte église de Rome.

Il n'est permis à personne d'ériger une chapelle dans vos paroisses sans la permission de l'évêque et la vôtre.

Nous défendons aux archevêques, aux évêques, aux archidiacres, aux doyens et à toutes autres personnes ecclésiastiques ou séculières, de vous soumettre à des exigences nouvelles et non dues.

La sépulture dans votre abbaye est libre pour tous ceux qui en auront manifesté le désir avant de mourir, à moins qu'ils ne soient excommuniés, interdits ou usuriers, sauf, toutefois la réserve du droit des églises auxquelles ils appartiennent.

Nous vous autorisons à racheter les propriétés ecclésiastiques qui sont détenues aujourd'hui par des mains laïques, et à les faire rentrer dans la possession des églises auxquelles elles appartiennent.

A la mort de l'abbé vous ne lui donnerez pas un successeur par la fraude, l'astuce ou la violence, mais il sera élu par le consentement unanime des frères ou de la plus saine partie d'entre eux.

Pour assurer votre tranquillité, nous faisons défense, en vertu de notre autorité apostolique, d'oser commettre aucun acte de violence, de rapine, de vol, d'incendie et d'effusion de sang, dans les lieux qui vous appartiennent.

Enfin nous approuvons et confirmons toutes les libertés et immunités qui vous ont été accordées par les pontifes romains, nos prédécesseurs, et les exemptions que vous devez aux rois, aux princes et aux autres fidèles. En conséquence, nous faisons défense à toute personne de vous troubler témérairement, d'usurper vos propriétés, de les retenir après les avoir prises, de les diminuer ou de vous obséder par quelque vexation que ce soit ; tout ce qui vous a été donné devant être conservé pour votre usage, sauf les droits de l'autorité apostolique et diocésaine (*Suivent les menaces ordinaires*).

Donné dans la cité castellane, par la main de frère Jacob, évêque de Bologne, vice-chancelier de la sainte Eglise romaine, le 12 des Calendes de juillet, l'année 1244, la quatrième de notre pontificat.

288. — Page 326

LE PAPE FAIT DÉFENSE D'INTERDIRE, DE SUSPENDRE, OU D'EXCOMMUNIER SANS MOTIF SÉRIEUX

(....) — Innocent, serviteur des serviteurs de Dieu....... comme il arrive que ceux qui sont chargés de fulminer des sentences, le font souvent sans cause (*frequenter fulminent sine causâ*), défendons à notre ordinaire (*ordinarius*) et à ses officiers de formuler contre vous ou votre monastère une sentence d'excommunication, de suspension où d'interdiction sans motifs raisonnables et sans notre autorisation spéciale. — Donné le 9 des Calendes d'août, deuxième année de notre pontificat.

289. — Page 327

INDULGENCE DE 40 JOURS ACCORDÉE A CEUX QUI VISITERONT L'ÉGLISE AUX FÊTES DE SAINT-MICHEL ET DE SAINT-ALGIS

(....) — Innocent, serviteur des serviteurs de Dieu....... désirant rendre plus aptes à la grâce divine les fidèles qui fréquentent votre église, nous avons accordé à tous les pénitents qui visiteront votre église, aux jours des fêtes de saint Algis, confesseur, et de saint Michel, archange, quarante jours d'indulgence ; de plus, en raison de ces solennités, nous les relevons des pénitences qu'ils auraient encourues. — Donné le 8 des Calendes d'août, la seconde année de notre pontificat.

290. — Page 328

BÉNÉFICES A LA COLLATION OU PRÉSENTATION DE L'ABBAYE DE SAINT-MICHEL

Eglise de Saint-Algis	XL livres
Eglise de Flavigny-le-Petit.	»
La chapelle dans l'église de Saint-Algis. . .	VIII
L'église de Lugny	XXX
L'église de Marfontaine.	XX
L'église de Housset	XVI
L'église de Chevennes	XVI
L'église de Sains.	XL
L'église de Lerzy.	XXVI
L'église de Landifay.	L
La chapelle de Saint-Nicolas de Sains. . . .	XIV
L'église de Dagny	XXV
L'église de Jeantes	XXV

L'église de Sainte-Marie d'Aubenton	LX livres
L'église de Saint-Nicolas d'Aubenton. . . .	XXV
L'église de Leuze	XL
L'église d'Hirson.	XL
L'église de Wimy	XXX
L'église d'Etréaupont	XL
L'église de Saint-Michel.	XLV
La chapelle d'Estréaupont dans le château . .	VI
La chapelle d'Hirson dans la maison des lépreux	L
L'église de Sissonnes	C
La chapelle de Saint-Martin dans l'église de Sissonnes	VI
La chapelle du château de Sissonnes . . .	XII
La chapelle de Saint-Nicolas dans l'église d'Hirson	»
La chapelle de Jeantes-la-Cour.	»
La chapelle de Villemarie	»
Le prieuré d'Hirson. Deux chapelles, une dans l'église de Saint-Jean-Baptiste, l'autre de Saint-Venant, dans le château	»
La chapelle de Courjumel	»
La prévôté de Marcelle (*Morcella*) en Hainault .	»

291. — Page 455

CE SONT LI DICIMES DES PAROICHES DOU PATRONNAGE DE SAINT-MICHEL

Premiers	Nostre-Dame d'Aubenton	VI liv.
Item.	Saint-Nicolas d'Aubenton	L s.
Item.	Leuse	IV liv.
Item.	Irachon	IV liv.
Item.	Wimy	LX s.
Item.	Estrées.	VI liv.
Item.	Saint-Algis.	IV liv.
Item.	Chevennes.	XXXII s.
Item.	Sains	IV liv.
Item.	Leherzies	L s.

Item.	Houssel	XXXII s.
Item.	Landierfay.	C s.
Item.	Luignies	LX s.
Item.	Marfontaine	XL s.
Item.	Sissonnes	X liv.
Item.	Flavigny-le-Petit	*Pauper*
Item.	Jantes	L s.
Item.	Daagnies	XXXII s.
Item.	Saint-Michel	C s.

FIN

TABLES

DES MATIÈRES

CONTENUES

DANS LE

CARTULAIRE DE SAINT-MICHEL

PREMIÈRE TABLE

TABLE

PAR ORDRE CHRONOLOGIQUE

DES

CHARTES ET DOCUMENTS

CONTENUS

DANS LE

CARTULAIRE DE SAINT-MICHEL

Xᵉ SIÈCLE

			Pages
945. *Février*.	—	Herbert, archidiacre de Laon, cède à une certaine dame nommée Hersinde, la chapelle de Saint-Michel pour y construire un monastère.	1
958.	»	— Le village de Logny sur la rivière d'Aubenton est cédé à Saint-Michel partie par vente, partie par donation.	20

XIᵉ SIÈCLE

1043.	»	— Henri, roi de France, accorde à Saint-Michel le dixième de la dîme des fruits de l'évêché de Laon, et divers droits à percevoir sur les maisons des doyennés de Rozoy et de Thiérache.	2
1053.	»	— De la concession des autels de Fontaines, Foigny, Tubeis et Marfontaine	3
1060.	»	— Elinand, évêque de Laon, donne à Saint-Michel l'autel de Lerzy	78

XIIᵉ SIÈCLE

			Pages
1107.	»	— De la concession des autels de Leuze, Sissonnes et Boncourt, confirmation du dixième de la dîme de l'évêché de Laon.	3
»	»	— De la restitution faite à Saint-Michel par le doyen de Laon de ce qu'il avait occupé sur Erloy. (Charte sans date placée ici avec doute)	84
1122.	Juin.	— De trois fertons d'argent dus à Saint-Michel, pour le lieu où a été élevée l'église de Foigny	23
1123.	Novembre.	— Barthélemy cède à Saint-Michel les autels de Blicy, Any, Chevennes et Leuze et confirme ceux que l'abbaye possédait déjà.	4
1123.	»	— Des choses que l'avoué doit avoir dans la ville de Saint-Michel	21
1129.	Novembre.	— Confirmation des biens de l'abbaye de Saint-Michel par l'évêque Barthélemy	18
1130.	»	— De deux charrues de terre données par le seigneur de Sissonnes.	62
1131.	»	— Donation faite par Herbert de Jantes, de la terre située entre la rivière de Jantes et le grand ruisseau	47
»	»	— Le pape Innocent autorise l'abbaye de Saint-Michel à percevoir la dîme des novales. (Cette charte sans autre date que celle de la deuxième année du pontificat d'Innocent II, qui fût élu en 1130, doit appartenir à l'année 1132.)	159
»	»	— Le pape Innocent II accorde une indulgence de quarante jours à ceux qui visiteront l'église de Saint-Michel, le jour de la fête de saint Algis. (Même observation que pour la charte précédente.)	170
»	Août.	— Le pape Innocent II, défend de jeter l'interdit ou l'excommunication sur Saint-Michel sans raisons sérieuses. (Même observation que ci-dessus pour la date.)	169
1134.	»	— De trois fertons d'argent dus à Saint-Michel par les chanoines de Laon à l'occasion de Foigny.	76
1138.	»	— Bulle du pape Innocent III confirmant les biens de l'abbaye de Saint-Michel	160
»	»	— De la terre et de la dîme de Coimes données aux frères du Val-Saint-Pierre, par Jean, abbé de Saint-Michel. (Cette charte sans date doit être attribuée à l'année 1140, époque de la fondation de la Chartreuse du Val-Saint-Pierre)	61

			Pages
1142.	»	— Les religieux de Thenailles cèdent à Saint-Michel les autels de Wimy et d'Agny, en échange d'une rente de xv sols qu'ils lui devaient pour la création de leur cense d'Housset	88
1145.	»	— De l'autel de Landifay donné à Saint-Michel, en échange de celui de Faucousy	94
1145.	»	— Confirmation par Barthélemy de quelques possessions du monastère.	20
»	»	— Confirmation par l'évêque de Laon des autels et des diverses autres propriétés de Saint-Michel. (Cette charte n'est pas datée, mais comme elle a été accordée à la sollicitation de l'abbé Léon qui gouvernait l'abbaye de 1135 à 1147, elle ne peut être attribuée qu'à Barthélemy qui a été le seul évêque de Laon dans ce laps de temps. On peut lui assigner la date de 1145 comme à la précédente.)	4
»	»	— Sentence rendue au sujet de la vigne de Podion. (Sans date.)	74
1147.	»	— Enguerrand de Marle accorde à Saint-Michel le droit de faire passer en franchise sur ses terres cent muids de vin.	91
1147.	»	— Barthélemy, évêque de Laon, confirme le privilège accordé à Saint-Michel par Enguerrand de Marle. .	91
»	»	— Les religieux de Saint-Michel cèdent l'autel de Plesnoy à Saint-Martin-de-Laon. Cette charte sans date peut être attribuée à l'année 1150, époque de l'élection de l'abbé Jean, qui figure dans l'acte.	76
»	»	— Arrangement entre Saint-Michel et Origny-Sainte-Benoîte au sujet de leurs domaines sur Lerzy. (Même observation que pour la charte précédente, au sujet de la date.)	78
1151.	»	— Cession à l'église de Saint-Michel par celle de Montreuil de la sixième partie des biens qui lui avaient été donnés par sœur Havide	75
»	»	— De la vigne appelée *Cara res* cédée à Saint-Michel par l'abbaye de Montreuil. (Elle doit dater de la même année que la précédente.)	74
1151.	»	— De la dîme des terres données à l'église de Sissonnes. .	62
»	»	— De l'échange fait entre Saint-Michel et Thenailles de la maison de Rougeries contre une vigne appelée *Cara res*. (Cette charte émanant de Gauthier, successeur de Barthélemy, qui tint le siège de Laon de 1151 à 1155, peut être attribuée à l'année 1152.) . .	88

Cart. de St-Michel

			Pages
1153.	»	— Philippe de Sissy donne à Saint-Michel la moitié de Villencel.	76
1153.	»	— La ville de Saint-Michel ne peut être soumise au ban des seigneurs de Guise et d'Hirson sous prétexte d'avouerie. Confirmation de ce privilège par Gauthier, évêque de Laon.	22
1155.	»	— De cinq muids de froment à prendre sur Watigny pour les dîmes de Fligny, Any et Villers.	94
1157.	»	— De x sols monnaie de Valenciennes dus par l'abbaye de Clairfontaine.	114
1157.	»	— De l'autel et du bois de Boncourt.	61
»	»	— Le pape Alexandre autorise la modification du règlement trop rigoureux de l'abbaye de Saint-Michel. (Cette charte sans date paraît émaner du pape Alexandre III, qui fut élu en 1159.)	159
1160.	»	— Accord conclu entre Rénier de Guise et Saint-Michel au sujet de leurs droits réciproques sur Estréaupont	98
»	»	— Théodoric, abbé de Saint-Michel, fait l'échange d'une vigne sur le territoire de Vaux. (Théodoric était abbé de Saint-Michel en 1160.)	74
1160.	»	— De trois septiers de froment à prendre sur la cense de Coingt appartenant aux religieux de Bonnefontaine.	55
1161.	»	— De quatorze jalois de blé dus à Saint-Michel par le seigneur de Puisieux pour l'emplacement de la ville de Colonfay.	85
1163.	»	— De la moitié du territoire de Villencel, cédé par Saint-Michel à l'abbaye de Saint-Martin-de-Laon.	76
1167.	»	— De la dot des autels d'Any et de Villers, abandonnée à Foigny.	94
1169.	Avril.	— Bulle du pape Alexandre III confirmative des biens de Saint-Michel.	175
1169.	»	— Bulle du pape Alexandre III confirmant en détail les privilèges et propriétés de Saint-Michel.	171
1169.	Juin.	— Formation d'une association de prières entre Saint-Michel et l'abbaye de Stavelot (Belgique).	156
1169.	»	— Association de prières entre Saint-Michel et Saint-Nicolas de Ribemont.	156
1169.	»	— De six muids de froment à prendre sur Watigny et du partage des aisances du même lieu et de Blissy.	95
1169.	»	— Sentence rendue par l'évêque de Noyon au sujet d'un muid de blé réclamé par les chanoines de Guise sur le moulin de Flavigny.	85
»	»	— Partie du moulin d'Ardon donnée en aumône aux moines	

			Pages
		de Saint-Michel. (Charte sans date. Le nom de Williaume, abbé du monastère, en fixe la date entre 1166 et 1185, époque de son abbatiat.) . . .	42
»	»	— Arrangement entre Nicolas de Rumigny et Saint-Michel au sujet des dîmes de Leuze et d'Aubenton. (Nicolas de Rumigny est mort en 1175.)	43
1173.	»	— Le terrage de Guise donné à Saint-Michel à la suite d'un incendie de l'abbaye, occasionné par un domestique	83
1173.	»	— De deux muids de froment et autant d'avoine dus à Saint-Michel par l'abbaye de Montreuil, sur ses terres d'Athies	75
1173.	»	— Des terres d'Athies cédées par Saint-Michel aux religieuses de Montreuil	143
1173.	Octobre.	— Confirmation par Gauthier, évêque de Laon, du dixième de la dîme des fruits de l'évêché de Laon. . . .	21
1174.	»	— Arrangement entre Saint-Michel et l'abbaye de Bonne-Espérance au sujet des terres de Dagny. . . .	53
»	»	— Les hommes de Saint-Michel ne peuvent être arrêtés ni leurs biens saisis pour les dettes de l'avoué. (L'initiale R au début de la charte peut faire supposer qu'elle émane de Roger de Rosoy, qui gouvernait l'église de Laon de 1174 à 1201.)	23
1176.	»	— Saint-Michel abandonne à Saint-Vincent de Laon sa part du moulin d'Ardon.	43
1178.	»	— D'un muid de froment dû par Saint-Michel aux clercs de Guise sur le moulin de Flavigny.	85
1178.	»	— Confirmation par Roger, évêque de Laon, du don d'une maison sur Cuiry, fait à Saint-Michel par Renier de Rary.	56
1179.	»	— De la forêt située entre les ruisseaux de Wartoise et de Grand-Riwel.	97
1179.	»	— De quatorze jalois de blé à prendre sur la grange de Saint-Nicolas-des-Prés à Lehérie	87
»	»	— Vente par Williaume, abbé de Saint-Michel, à Etienne de Cambrai, d'une maison sise à Laon. (Williaume était abbé de Saint-Michel de 1161 à 1190.) . .	73
1183.	Janvier.	— Des bois que nous avons donnés au seigneur d'Avesnes, en qualité d'avoué.	25
1183.	Janvier.	— Saint-Michel place ses bois sous la protection de Jacob d'Avesnes, et l'autorise à construire une maison forte	154
»	»	— Charte concernant un muid de froment dû à Saint-Michel sur une terre à Gibercourt.	79

			Pages
1183.	»	— De dix muids de blé dont la cour de Lerzy est tenue envers le prévôt de Ribemont.	79
1185.	»	— Constitution ou fondation de la ville de Rochefort.	28
1185.	Juin.	— Arrangement entre Saint-Michel et l'évêque de Laon, au sujet de la paroisse de Dohis.	124
1187.	»	— Des choses qui appartiennent à l'église de Saint-Michel et à son avoué sur les territoires d'Etréaupont et de Flavigny	99
1187.	»	— Des revenus de la ville de Dohis partagés entre l'évêque de Laon et Saint-Michel.	56
1187.	»	— De la moitié du moulin de Dohis donnée à Enguerrand, trésorier de Laon.	57
1187.	»	— De dix-huit jalois de froment à prendre sur la grange des terrages de Chevennes.	89
»	»	— Bulle du pape Clément pour la protection et la conservation des biens de Saint-Michel. (Cette bulle sans date doit être attribuée à Clément III, qui occupait le siège pontifical en 1187.)	160
1189.	»	— De la dîme des terres situées entre la nouvelle ville et la vieille ville de Sissonnes	62
1190.	Juillet.	— Du transport de cent muids de vin en franchise chaque année, accordé par Raoul de Coucy	91
1190.	»	— Fondation de la chapelle d'Etréaupont.	101
1192.	»	— De deux jalois de seigle et autant d'avoine à prendre chaque année sur la ville teutonique de Sissonnes.	63
1192.	»	— Du territoire de Blissy	36
1192.	»	— Division du territoire de Blissy entre Bucilly et Saint-Michel	35
1193.	»	— Droits de patronage dus à Saint-Michel par les habitants de Peruertz, bien que la seigneurie du lieu appartienne à Bucilly.	36
1193.	Juillet.	— Discussion au sujet des bois de Jeantes	47
1194.	»	— Arrangement conclu à l'occasion de l'église de Leuze, entre Saint-Michel et le monastère de Sainte-Marie-de-Trèves.	43
1194.	»	— L'abbesse de Sainte-Marie-de-Trèves approuve la convention précédente	43
1194.	»	— Jugement rendu au sujet des bois et des terres de la cour de Jeantes	48
1195.	»	— Du moulin de Wimy	105
1197.	»	— Du bois et des terres de la cour de Jeantes	48
1197.	»	— Cession du presbytère de Lerzy à Saint-Michel par Williaume, chanoine de Laon	78

XIIIᵉ SIÈCLE

			Pages
1200.	»	— Du moulin de Dohis et de ses revenus donnés à Saint-Michel par l'évêque de Laon	57
1202.	Janvier.	— Des corvées dues par les habitants de Saint-Michel	25
1202.	»	— De la ville de Bourlers et de ses dépendances restituées à Saint-Michel par Allard de Chimay	121
1202.	»	— Confirmation par l'évêque de Liège de la rentrée de Bourlers dans les mains de Saint-Michel	122
»	»	— De la paix faite entre Nicolas d'Any et Anso, son frère, au sujet de Fontaines. (Nicolas d'Any, de la famille de Rumigny, vivant vers l'année 1202.)	121
1203.	Mai.	— Association de prières entre les abbayes de Saint-Michel et d'Haumont	157
1205.	»	— Du moulin de Jeantes remis par l'abbaye à Raoul, seigneur de Jeantes, moyennant certaines redevances	50
1205.	»	— Des prés et des terres que l'abbaye de Foigny a acquis ou acquerra sur le territoire d'Etréaupont. Conditions dans lesquelles elle peut les tenir et cultiver	96
1207.	Mai.	— Confirmation par Roger, évêque de Laon, de la dixième partie de la dîme des fruits de l'évêché de Laon	21
1209.	»	— De deux jalois de blé et de douze deniers de Valenciennes dus par Clairfontaine à Saint-Michel	114
1211.	»	— Du terrage de Guise donné par Jacob de Guise et confirmé par Vautier, son fils	83
»	»	— De quatre jalois de froment à prendre sur Crupilly. (Sans date.)	84
1212.	Avril.	— Donation faite aux religieuses de Longpré par Gauthier d'Avesnes	65
»	»	— De l'autel d'Erloy attribué à Saint-Michel contre l'abbaye de Saint-Denis. (Sans date. Gilbert, abbé de Foigny, qui figure dans cette charte en qualité d'arbitre, mourut vers 1216.)	84
»	»	— De la dîme des territoires de Laherie, d'Angozies et de Lenty. (Charte sans date qu'on peut attribuer à l'année 1215, époque où vivait Wibert, abbé de Bucilly, qui y figure comme arbitre.)	35
1218.	Juillet.	— Des offrandes dans l'église de Sissonnes, le jour de la fête patronale	64
1218.	»	— De la dîme d....... (Sardorum) sur le territoire de Sissonnes	64
1218.	Août.	— Affranchissement des dîmes sur certaines terres du territoire de Sissonnes	65

			Pages
1218. *Octobre.*	— Arrangement entre Jean de Jeantes et Saint-Michel, au sujet du moulin du lieu et de ce qui est dû à Vautier de Rumigny.		51
1218. *Octobre.*	— L'avoué de Vigneux se rend garant de Jean de Jeantes.		51
1219. *Mars.*	— Pardon accordé au seigneur Egidius à l'occasion du meurtre de l'abbé Gobert. Conditions de ce pardon. (Détails curieux.)		23
1219. *Mai.*	— De cinq muids de vin dus à Saint-Michel sur Roucy.		73
1219. »	— Accord fait entre le curé d'Hirson et Saint-Michel, au sujet des droits que chacun d'eux disait avoir sur la paroisse		116
» »	— De seize jalois de blé que Saint-Michel doit au maire d'Hirson. (Vers 1219.)		116
1220. *Janvier.*	— Adam de Jeantes abandonne à Saint-Michel tous ses droits sur la cour de Jeantes		49
1220. *Janvier.*	— Nicolas de Rozoy approuve la donation faite par Adam de Jeantes, son homme lige		49
» »	— De cinq sols de bonne monnaie dus par Saint-Michel aux chanoines de Saint-Quentin		80
1223. *Juillet.*	— Echange entre Saint-Michel et Origny-Sainte-Benoîte de deux champs sur Lerzy.		80
1224. »	— Lettre de Roger de Rosoy au sujet du moulin de Dohis.		151
1224. »	— Des droits que l'abbaye de Saint-Michel et le seigneur de Chimay doivent avoir dans la ville de Bourlers		122
1224. »	— D'un demi-muid de blé et d'un demi-muid d'avoine à prendre sur Haudreville.		90
1224. *Décembre.*	— De deux moyées de bois données à Saint-Michel par Egidius d'Estrées		102
1225. *Mars.*	— Partie de la dîme de Jeantes vendue à Foigny		52
» »	— Accord au sujet du domaine de Blissy; choix d'experts. (Sans date, vers 1225.)		37
1225. »	— Adam de Jeantes cède à Saint-Michel ses droits sur le moulin de Jeantes		50
1225. »	— De la dîme de la cour de Jeantes		50
1225. *Août.*	— Des aisances du vivier de Jeantes et de la réparation de ses digues		52
1225. »	— Arbitres choisis entre Saint-Michel et Bucilly au sujet des dîmes du quartier de Saint-Nicaise et du district Willaume Bonesuer		37
1226. *Juin.*	— Jugement rendu par Jacob de Dinant sur les novales de Saint-Nicaise, les dîmes de la nouvelle cour de Blissy et du district de Willaume Bonesuer		38

			Pages
1227.	»	— Vente de deux parties de la dîme de Jeantes faite par Foigny à Saint-Michel	53
1227.	»	— L'évêque de Laon approuve la vente de deux portions de la dîme de Jeantes vendues à Saint-Michel par Foigny.	52
1229.	Janvier.	— Cession de la maison de Villemarie faite à Saint-Michel par l'évêque de Laon.	69
1229.	Mars.	— Dédommagement accordé à Saint-Michel pour la moitié du moulin de Dohis, cédée à la dame de Rozoy . . .	58
1229.	Mars.	— Roger de Rozoy approuve la cession faite à sa femme par l'abbaye de Saint-Michel.	58
1229.	Mars.	— De la dîme de Plomion vendue à Saint-Michel par Egidius de Vincy	58
1229.	Mars.	— Roger de Rozoy confirme à Saint-Michel la dîme de Plomion	59
1229.	Mars.	— De trois muids de blé et de trois muids d'avoine dus sur le terrage de Rouvroy.	59
1229.	Juin.	— Cession de la maison de Villemarie faite à Saint-Michel par Robert, seigneur d'Eppes.	69
1229.	Juin.	— Hugues d'Eppes approuve la donation du domaine de Villemarie faite à Saint-Michel par Robert d'Eppes, son père	70
1231.	Mars.	— De trois jalois de terre appartenant à la dot de l'église de Woharies.	90
1231.	Juin.	— Vente de quatre muids de blé faite par Herman de Vendresse à l'abbé de Saint-Michel	53
1231.	Juillet.	— Vente de deux muids de blé à Saint-Michel par Vautier de Sissonnes.	65
1231.	Août.	— Consentement de l'évêque de Laon à la fondation de la chapelle de Sissonnes	65
1231.	Novembre.	— Les évêques de Laon ne peuvent prétendre au droit de gîte dans le monastère ou dans les fermes de Saint-Michel	26
1231.	Novembre.	— On ne peut fonder une chapelle sur tout le tréfond sans l'autorisation de l'évêque et de l'abbé.	27
1231.	Novembre.	— De la terre vendue à Saint-Michel par Williaume de Thenelles, dit *Barlot*	81
1231.	Novembre.	— Aelide de Besny appuie la vente ci-dessus.	81
1231.	Novembre.	— De cinq muids et demi d'avoine assignés à la chapelle de Villemarie	66
1232.	Janvier.	— De la paix faite entre le seigneur Egidius et le monastère de Saint-Michel, à l'occasion du meurtre de l'abbé.	24
1232.	»	— Du pâturage de Blissy et de Watigny et des terres d'Etréaupont.	97

			Pages
1232.	»	— Arrangement entre Saint-Michel et Foigny au sujet de Blissy, de Foigny et d'Etréaupont.	97
1234.	Mars.	— Confirmation de la chapelle d'Hirson par Anselme, évêque de Laon	118
1234.	Août.	— Gérard d'Hirson donne à Saint-Michel une rente annuelle de onze chapons.	119
1234.	»	— Des terres et des vignes de Villemarie, telles qu'elles sont déterminées par des bornes.	71
1235.	Février.	— Quittance donnée par le seigneur Egidius au sujet de la succession de Gérard d'Hirson	120
1235.	Mars.	— Convention entre Saint-Michel et Egidius au sujet de la dîme d'Etréaupont	102
1235.	Mars.	— Anselme, évêque de Laon, approuve la convention faite entre Saint-Michel et Egidius.	103
1235.	Avril.	— De la dîme de Buirefontaine donnée à l'abbaye de Bucilly.	44
1235.	Juin.	— Arrangement entre l'abbaye de Saint-Michel et les héritiers de Gérard d'Hirson, à l'occasion de la succession de ce dernier.	119
1235.	»	— De la maison de Williaume, curé d'Etréaupont, donnée à Saint-Michel.	101
1235.	Décembre.	— De seize jalois de blé donnés à Saint-Michel par le seigneur de Puisieux sur la grange de Colonfay.	86
1236.	Juin.	— Vente de la dîme de Buirefontaine par Bucilly à Saint-Michel	45
1236.	Juin.	— Anselme, évêque de Laon, confirme à Saint-Michel la dîme de Buirefontaine	45
1236.	Juin.	— Arrangement au sujet de la chapelle d'Hirson entre Saint-Michel et le seigneur d'Avesnes	118
1236.	Juin.	— D'une terre et d'un pré sur Bourlers cédés à Saint-Michel par Jacob, curé d'Aubenton.	123
1236.	Juillet.	— De la dîme du vin et des foins dans la clôture de la maison des lépreux de Sissonnes.	66
1236.	»	— De sept sols et demi donnés à la chapelle de Villemarie par le seigneur d'Eppes.	72
»	»	— Privilège du pape Grégoire en faveur de Villemarie. (Cette bulle sans date doit être attribuée au pape Grégoire IX, qui occupa le siège pontifical de 1227 à 1241.)	166
1237.	Janvier.	— De la terre vendue à Thomas, curé de Sissonnes, et à Gobert de Fleuricourt, bourgeois de Laon.	66
1239.	»	— Contestation au sujet de deux muids de froment dus par les moines de Bonne-Espérance sur Dagny	54
1239.	Mai.	— Arrangement entre le curé de Sissonnes et Saint-Michel au sujet de la dîme des novales.	67

			Pages
1239. *Juin*.	—	Arrangement entre l'église de Bucilly et celle de Saint-Michel au sujet de diverses propriétés, cens et dîmes.	38
1239. *Juillet*.	—	De quatorze jalois de blé achetés de Clérambaux de Landifay.	87
1239. »	—	Vivien Coisnon abandonne ses droits sur diverses pièces de terre à Etréaupont.	102
1239. *Novembre*.	—	Accord entre les religieux de Saint-Michel et André de Laplace au sujet du moulin de Saint-Michel.	27
1239. *Novembre*.	—	De la dîme de Sissonnes.	68
1239. *Novembre*.	—	De la dîme de Sissonnes cédée en partie à Saint-Michel par Robert dit *le Cornu*.	67
1240. »	—	Sentence rendue par maître Milon de Vaux et ses collègues sur divers articles au sujet desquels il y avait contestation entre Bucilly et Saint-Michel.	39
1240. *Avril*.	—	Arrangement entre Bucilly et Saint-Michel au sujet des dîmes à percevoir par les deux maisons sur divers territoires.	41
1240. *Avril*.	—	Remplacement du frère Raoul par frère Jean, prévôt de Bucilly, comme arbitre.	39
1240. *Avril*.	—	Des territoires d'Auges, de Tarzy et de Fligny cédés à Vaucher, seigneur de Rumigny, par Saint-Michel.	44
1240. *Octobre*.	—	Vente d'une pièce de terre faite à Saint-Michel par le curé de Sissonnes.	67
1242. *Novembre*.	—	Hugues dit de Goubes vend à Saint-Michel une partie du moulin d'Hirson.	121
1243. *Mars*.	—	Confirmation de la chapelle d'Etréaupont par Egidius fils de Renier.	101
1243. *Mars*.	—	De vingt chapons donnés par le seigneur Egidius à l'église de Saint-Michel	120
» »	—	Octroi de la terre de Landouzy-la-Ville par Raoul de Coucy à Robert, abbé de Foigny. (Cette charte sans date peut être indiquée à l'année 1249, c'est un rappel fait par Mathieu, abbé de Foigny, de la donation faite à son monastère par Robert de Coucy.)	154
1244. »	—	Bulle du pape Innocent IV confirmative des biens de l'abbaye de Saint-Michel (Pièce intéressante).	167
1245. *Mars*.	—	D'un demi-muid de blé acquis du seigneur de Housset.	90
1245. *Mai*.	—	Arrangement au sujet des dîmes de Villemarie	137
1245. »	—	Les évêques de Laon ne peuvent intervenir dans l'élection des abbés de Saint-Michel.	27
1245. »	—	Sentence rendue entre les religieux de Saint-Michel et le curé de Coucy-les-Eppes au sujet de Villemarie.	72
1245. »	—	Garnier évêque de Laon approuve l'accord ci-dessus.	73

			Pages
1246. *Janvier*.	—	Acquisitions de terre sur le tréfond de Bucilly à Hirson.	44
1246. »	—	De dix sols de rente accordés à Saint-Michel par Mathieu, seigneur de Neuve-Maison.	105
1247. »	—	Mandement donné au doyen d'Aouste par l'officialité de Reims pour connaître et informer au sujet du désaccord intervenu entre Saint-Michel et André de la Place	30
1247. »	—	Mandement donné au doyen de Leuze d'examiner et de faire son rapport sur la paix faite entre Saint-Michel et André de la Place et ses enfants.	30
1247. »	—	Lettres de l'officialité de Reims, au sujet de la même affaire, approuvant le rapport du doyen d'Aouste.	31
1247. *Décembre*.	—	Jugement rendu par Jean, chanoine de Bucilly, et Thomas curé de Sissonnes, entre Saint-Michel et André de la Place au sujet du moulin de Saint-Michel.	28
1247. *Décembre*.	—	Lettres de l'officialité de Laon au sujet de l'accord fait entre l'abbaye et André de la Place.	30
1247. *Décembre*.	—	Sentence rendue par les abbés de Thenailles et de Bucilly au sujet de Dagny	54
1248. *Mars*.	—	Chaque feu dans la ville de Rochefort doit un denier chaque année à Saint-Michel.	150
1248. *Mai*.	—	Désaccord entre Saint-Michel et Gobert de Tournoison au sujet de terres sur Lerzy, réglé par arbitres.	81
1248. *Mai*.	—	Gobert de Tournoison déclare n'avoir aucun droit sur les terres de Lerzy.	81
1248. *Juin*.	—	De la redevance de vingt-six sols monnaie de Valenciennes à payer à Saint-Michel par Clairfontaine.	115
1248. »	—	De quelques terres et prés sur Saint-Clément donnés à Saint-Michel par Jean, curé de Plomion.	148
1248. »	—	Thomas de Basoches est nommé curé d'Aubenton.	125
1249. »	—	De la *Majoria* de Gergny vendue à Saint-Michel	105
1249. *Octobre*.	—	De la ferme de Clanlieu.	149
1250. *Janvier*.	—	Accord entre l'abbé de Saint-Michel et le seigneur d'Etréaupont au sujet de la ville d'Etréaupont et de celle de Froidestrées. (Pièce fort intéressante pour l'histoire d'Etréaupont.).	106
1250. »	—	De quatre-vingts livres parisis dues par Saint-Michel à Theodebald, chanoine de Saint-Jean-au-Bourg de Laon	125
1250. »	—	Ce sont les parroiches dou patronage de Saint-Michel.	155
1251. »	—	De trente-cinq sols de rente que Sézile, veuve d'Yvon du Cloître, avait sur une maison de Vaux	77
1251. *Août*.	—	Jugement rendu par Nicolas de Rumigny entre Colin de Laplace et Saint-Michel.	31

Pages

1251. *Octobre.* — Jean, seigneur d'Etréaupont, et sa femme, confirment de nouveau les arrangements pris avec Saint-Michel au sujet d'Etréaupont et de Froidestrées. 112

1251. *Octobre.* — Clérembault d'Erloy fait don à Saint-Michel de deux pièces de terre 117

1252. *Mars.* — Echange d'un pré entre Saint-Michel et le seigneur d'Etréaupont, conditions de cet échange. . . . 113

1252. » — Lettres paroissiales de l'église de Saint-Michel. (Document intéressant.) 32

1253. » — Sentence rendue entre Saint-Michel et Origny-Sainte-Benoîte au sujet des dîmes d'Etréaupont, de Lerzy et de Froidestrées 82

1253. » — Arrangement au sujet des terres données à bail sur le territoire de Froidestrées et de Lerzy 142

1254. *Février.* — De cinq sols parisis affectés au luminaire de la chapelle de la cour de Jeantes 59

1255. » — De trente sols parisis légués à Saint-Michel par maître Thomas, curé de Sissonnes. 135

1256. » — De la moitié du moulin de Flavigny cédée par Saint-Michel à Jean de Châtillon 82

1256. *Janvier.* — De la moitié du moulin de Flavigny cédée par Saint-Michel à Jean de Châtillon. (Cette charte forme double emploi avec la précédente.). 147

1256. » — De quarante sols de rente à prendre sur les droits de voiture (*vectigalium*) à Guise. 83

1257. » — De la dîme du territoire de Faïel. 68

1257. » — Colard et Renaud de Chaourse approuvent la vente des dîmes de Sissonnés. 133

1257. *Juin.* — Abandon à Saint-Michel de tous les droits que Renier de Richaumont et ses enfants pouvaient avoir sur Etréaupont 113

1257. *Juin.* — De trois muids de vin dus à Saint-Michel par l'abbaye de Bohéries 148

1257. *Octobre.* — Lettres du seigneur Robert dit *le Cornu* au sujet des dîmes de Sissonnes qu'il a vendues à Saint-Michel. 129

1257. *Octobre.* — Vautier *dit Tesson* et Avide sa femme approuvent la vente du tiers des grosses dîmes de Sissonnes faite à Saint-Michel par Robert le Cornu. 130

1257. *Novembre.* — Jean de Puisieux approuve la vente des dîmes de Sissonnes 130

1257. *Novembre.* — Gérard de la Selve approuve la vente du tiers des dîmes de Sissonnes faite à Saint-Michel par Robert le Cornu. 130

		Pages
1257. *Novembre*.	— Gérard de la Selve et de Soupir approuve la vente des dîmes de Sissonnes.	131
1257. *Novembre*.	— De la vente des dîmes de Sissonnes faite à l'église de Saint-Michel	131
1257. *Novembre*.	— Lettre de la curie de Laon au sujet de la vente des dîmes de Sissonnes.	132
1257. *Novembre*.	— De la vente des dîmes de Sissonnes approuvée par Gérard de la Selve	132
1257. *Décembre*.	— Lettre de Itier, évêque de Laon, au sujet des dîmes de Sissonnes.	131
1258. *Juin*.	— Colard et Renaud de Chaourse cèdent à Saint-Michel les droits qu'ils pouvaient avoir sur les dîmes de Sissonnes	133
1258. *Juin*.	— Saint-Michel donne à bail aux chevaliers du Temple les terres qu'il possède à Bertaignemont	149
1258. *Septembre*.	— Lettres de Jean de Soissons au sujet du terrage de Bourlers	147
1259. *Janvier*.	— Quittance de la somme de quatre cent vingt livres parisis reçue par Robert le Cornu pour la vente du tiers des grosses dîmes de Sissonnes.	132
1259. *Janvier*.	— Location des terres de la grange de Saint-Clément.	149
1259. *Mars*.	— Lettres de l'abbesse d'Origny au sujet des experts choisis pour apprécier le différend qui s'était élevé entre son monastère et celui de Saint-Michel au sujet des domaines de Lerzy.	141
1259. *Avril*.	— Arrangement conclu entre Vauclair et Saint-Michel au sujet de la dîme de deux pièces de terre.	134
1259. *Avril*.	— L'abbé de Vauclair approuve l'arrangement ci-dessus.	134
1259. *Juin*.	— Lettre de l'évêque de Laon au sujet de la fondation de la paroisse de Saint-Nicolas de la ville d'Aubenton (Curieux.)	151
1259. *Juin*.	— Droits de vinage accordés à Saint-Michel par Nicolas de Rumigny. (Il y a erreur dans la date de cette charte, on doit lire 1159 au lieu de 1259, attendu que Nicolas de Rumigny est mort en 1175 : il n'a donc pu octroyer une charte en 1259.)	127
1259. *Juin*.	— Barthélemy, évêque de Laon, confirme à Saint-Michel le droit de vinage accordé par Nicolas de Rumigny. (Il y a erreur dans la date de cette charte comme dans la précédente, Nicolas de Rumigny mourut en 1175 et Barthélemy vers 1157, à Foigny où il s'était retiré depuis 1150 ou 1151, il n'a donc pas pu approuver un acte en 1159, encore moins en 1259.)	128

1259. *Juin.*	— Arrangement entre le curé de Sissonnes et Saint-Michel au sujet des dîmes de Sissonnes.	133
1259. *Juin.*	— Jean de Bourlers, bourgeois d'Avesnes, confirme à Saint-Michel la possession des terres et prés qui lui avaient été donnés par Jacob, curé d'Aubenton.	146
1259. *Juin.*	— Lettres de la curie de Laon au sujet des terres et prés de Bourlers	147
1260. »	— Echange des propriétés possédées par Saint-Michel sur la ville de Crupilly contre celles que Raoul de Kauni possède à Hirson.	137
1260. *Mai.*	— Lettres du comte de Blois approuvant l'échange des terres de Crupilly contre celles d'Hirson.	138
1260. *Mai.*	— De la vente faite par Guillaume de Puisieux de ce qu'il possédait sur Hirson.	139
1260. *Mai.*	— Approbation par l'évêque de Laon de l'échange des terres de Crupilly et d'Hirson.	139
1260. *Mai.*	— Approbation du même acte par l'officialité de Laon.	139
1260. *Mai.*	— Donation d'un muid de blé sur Voulpaix, Haution et Laigny	150
1260. *Juin.*	— Lettres de Raoul Flameinch pour le cas où l'échange qu'il a fait avec Saint-Michel des terres de Crupilly et d'Hirson serait déclaré nul.	140
1260. *Juin.*	— Lettres de l'abbesse d'Origny à l'occasion des dîmes dues par Saint-Michel à Lerzy.	140
1260. *Juillet.*	— Lettres de l'abbesse d'Origny sur le même sujet.	141
1260. *Juillet.*	— L'évêque de Laon confirme l'accord fait entre Saint-Michel et Origny au sujet de la cour de Lerzy.	142
» »	— R... de Lerzy reconnaît ses torts envers Saint-Michel au sujet de Gergny. (Robert de Lerzy de qui paraît émaner cet acte vivait en 1260.)	104
1260. »	— Lettres de l'archevêque de Reims constatant qu'il n'a pas le droit de gîte dans les domaines de Saint-Michel.	151
1274. *Août.*	— Arrangement entre Saint-Michel et Saint-Nicaise de Reims au sujet des limites de Logny.	128
1285. *Août.*	— Privilège accordé à Saint-Michel par le pape Honoré IV.	166
1290. »	— De la somme de vingt sols destinée au repas des frères le jour de la fête de saint Blaize.	26
1295. *Décembre.*	— De l'échange d'une vigne à Festieux, contre une vigne à Villemarie	127

XIVᵉ SIÈCLE

1300. »	— Bénéfices à la collation de Saint-Michel au commencement du xivᵉ siècle.	170

			Pages
1300.	»	— Ce sont les dîmes des paroisses du patronage de Saint-Michel	171
1300.	Octobre.	— Acte par lequel Jean de Rochefort s'engage à indemniser Saint-Michel du tort qu'il lui a causé.	143
1300.	Novembre.	— La charte des bois de Saint-Michel.	135
1328.	»	— De la chapelle fondée à Hirson par Jehan d'Anglebermer.	115
1334.	»	— Arrangement avec Foigny au sujet du pont de Blissy.	145
1339.	Juin.	— Du droit de justice appartenant à Saint-Michel sur Fontaine près Hirson	54
1340.	»	— De la vigne du Sablon de Vaux-sous-Laon donnée à Saint-Michel par Gilles Hocart	125
1342.	»	— De la vigne de Biaucul donnée aux marguilliers de Vaux	126
1343.	»	— Comment le seigneur d'Etréaupont n'a aucun droit sur la maison des religieux dans ladite ville	46
1345.	Octobre.	— De trois muids d'avoine dus par le seigneur de Rozoy	45
1348.	Juin.	— De la grange de Colonfay qui doit être repavée et entretenue par la dame de Puisieux.	92
1349.	»	— Comment on doit à la Lobiette vingt-trois sols parisis.	60
1351.	Janvier.	— Les religieux de Saint-Michel ne doivent pas le droit de vinage sur le territoire de Jeantes.	46
1351.	Mars.	— De vingt jalois d'avoine dus à Saint-Michel par Robert de Rumigny.	126
1351.	Mars.	— Jean de Grehen, bailly de Rumigny, d'Aubenton et de Martigny, appose le sceau de la baillie sur la reconnaissance ci-dessus.	126
1352.	»	— Comment les yves de Saint-Michel ne peuvent pasturer ès bois de Foigny, sans présence de garde.	42
1358.	»	— Comment Saint-Martin de Laon doit un muid de froment à Saint-Michel	35
1359.	Janvier.	— Comment on prit le montonnaige à Saint-Michel.	60
1360.	Juin.	— C'est l'accord de Bucilly pour le pâturage des yves, pour le pont de Blissy et pour la carrière Baudoin Quastel	68
1361.	Janvier.	— Du lieu où doit être élevée la grange de Grisel d'Ohis dans la ville de Colonfay	92
1366.	»	— Du bois de Coquinpris contre le bois de Lestrif	98
1370.	»	— Dénombrement de la terre d'Etréaupont	103

XVe SIÈCLE

| 1473. | » | — De la rente d'un muid de grains vendue à Saint-Michel par l'abbaye de Montreuil | 127 |

DEUXIÈME TABLE

TABLE
DES
NOMS DE LIEUX
RANGÉS PAR ORDRE ALPHABÉTIQUE

AVEC

UN INDEX GÉOGRAPHIQUE
DE LEUR SITUATION

ABECORDE (?) ; page 46.

ALBIGNY, localité aujourd'hui disparue ; elle était située sur le territoire de Thenailles, dans sa partie méridionale ; au XVIIIe siècle, elle était encore connue sous le nom de fond d'Albigny ; p. 89.

ALLIMONT, abbaye (?) ; p. 51.

AMIFONTAINE, commune du canton de Neuchâtel ; p. 68.

ANGOZIES, lieu du territoire de La Hérie ; *Angouzies juxta Leheri*, d'après une charte de 1249 ; cet emplacement tenait à la voie antique de Vervins à Macquenoise, au point où elle traverse la rivière du Ton ; le pré de *Nangouzy*, qui figure encore au plan cadastral, en marque la situation ; p. 35.

ANY-MARTIN-RIEUX, commune du canton d'Aubenton, désignée indistinctement sous les noms de *Aignies, Agnis* ; p. 4, 17, 43, 44, 94, 126, 161, 163.

AOUSTE, canton de Rumigny, département des Ardennes ; p. 30.

ARDON, faubourg de Laon ; p. 42, 43.

ATHIES, canton de Laon ; p. 19, 75, 127, 143.

AUBENTON, chef-lieu de canton, arrondissement de Vervins ; p. 43, 44, 123, 125, 126, 127, 128, 129, 146, 151, 155, 167, 171.

AUBENTON-LA-COUR, aujourd'hui cense d'Aubenton, dépendant du village de La Bouteille ; elle est située sur le Ton à peu de distance au-dessus d'Etréaupont ; elle était possédée autrefois par l'abbaye de Foigny ; p. 103, 110, 111.

Auges, commune du canton de Signy-le-Petit (Ardennes) ; p. 17, 18, 44, 161, 163.
Avaux, commune du canton d'Asfeld (Ardennes) ; p. 65, 163.
Avesnes, chef-lieu d'arrondissement du Nord ; p. 25, 27, 83, 116, 118, 135, 147.
Avignon (Vaucluse), résidence des papes de 1309 à 1377 ; p. 160.
Bailous, lieu resté inconnu ; devait être situé dans le canton de Marle, au voisinage de Cuirieux ; p. 164.
Bailues (Baileux), localité située dans le voisinage de Chimay (Belgique); p. 123.
Bancigny, commune du canton de Vervins ; p. 46.
Bastreval, lieu situé sur le territoire de Sains, arrondissement de Vervins ; p. 89.
Benay, commune du canton de Moy ; p. 81.
Bénévent, ville des Etats-Pontificaux ; p. 165.
Bernot, commune du canton de Guise ; p. 79.
Bertaignemont, ancienne commanderie du Temple ; formait autrefois une paroisse qui a été réunie à Landifay par ordonnance du 9 juin 1819 ; p. 149.
Blissy, hameau dépendant de la commune de Saint-Michel ; p. 4, 17, 27, 33, 35, 36, 37, 44, 95, 97, 98, 145, 161, 163, 167.
Blois, chef-lieu du département de Loir-et-Cher ; p. 102, 116, 118, 135, 138, 147.
Bohèries, dépendance de Vadencourt, célèbre par une abbaye de Bernardins fondée en 1141 ; p. 148.
Bois de Saint-Michel, p. 25, 33, 96, 135, 154, 168.
    Nota. — Sous ce titre on a réuni les chartes concernant le domaine forestier de l'abbaye.
Bologne, ville des Etats-Pontificaux ; p. 169.
Boncourt, canton de Sissonne, avait autrefois une commanderie du Temple fondée vers 1140 ; p. 3, 4, 17, 18, 20, 61, 129, 161, 163, 164.
Bonne-Espérance, abbaye de Prémontrés fondée en 1125 dans le Hainaut ; p. 53.
Bonnefontaine, ancienne abbaye d'hommes près d'Aubenton ; p. 55.
Borler, localité située dans le voisinage de Chimay (Belgique) ; p. 123.
Bougimont était situé sur le territoire d'Hirson ; p. 44.
Bourlers, village situé dans le voisinage de Chimay (Belgique); p. 121, 122, 123, 145, 147, 163, 167.
Brissy, commune du canton de Moy ; p. 81.
Brunehamel, bourg du canton de Rozoy-sur-Serre ; p. 128.
Bucilly, canton d'Hirson ; ancienne abbaye de Bénédictines fondée vers 941, remplacée par les Prémontrés en 1148 ; p. 28, 33, 35, 36, 37, 38, 39, 44, 45, 54, 56, 68, 117, 164.
Buire, commune du canton d'Hirson ; p. 21, 41, 136, 163.
Buirefontaine, hameau dépendant d'Aubenton ; p. 44, 45, 123.
Castellerie (La), localité détruite ; était située sur le territoire de Landifay, peut-être au lieudit *le vert donjon* ; p. 89, 95.

CAURICOURT, localité inconnue qui devait être située dans les plaines de Sissonne ; p. 65.
CHALONS, chef-lieu de la Marne ; p. 28.
CHAMP-DE-L'ETRY, dépendance de la commune de Saint-Michel ; p, 98, 136.
CHAUMONT, probablement Chaumont-Porcien (Ardennes) ; p. 45.
CHEVENNES, commune du canton de Sains ; p. 4, 17, 18, 19, 89, 155, 161, 163, 164, 167, 170, 171.
CHIMAY, ville de Belgique, province de Hainaut ; p. 118, 121, 122, 123, 135, 146, 147.
CHOIGNY, commune de Brissay-Choigny, canton de Moy ; p. 4, 17, 161, 163.
CLAIRFONTAINE, commune du canton de La Capelle ; possédait une abbaye de Prémontrés fondée en 1131 ; p. 17, 54, 83, 99, 114, 115, 138, 160, 163.
CLAIRVAUX, bourg du département de l'Aube ; a possédé une célèbre abbaye fondée par saint Bernard et transformée actuellement en une maison de détention ; p. 93.
CLANLIEU, commune de Puisieux, canton de Sains ; p. 87, 149.
COCQUEMPRIX, hameau dépendant de Wattigny ; p. 98.
COINGT, commune du canton d'Aubenton ; p. 55, 164.
COLOGNE, ville d'Allemagne, sur le Rhin ; p. 93.
COLONFAY, commune du canton de Sains ; p. 85, 86, 92, 164.
COMBES SUPERIOR, COMBES INFERIOR ; p. 17, 18, 161, 163.
    Combes superior peut être exactement représenté par la ferme du Val-Saint-Pierre, et Combes inferior par la Corrérie. La ferme du Val-Saint-Pierre et la Corrérie, désignées quelquefois aussi sous le nom de Comies et de Coimes, dépendent de la commune de Braye, canton de Vervins ; c'est là que fut le berceau de la chartreuse du Val-Saint-Pierre fondée en 1141 par Renaud de Rozoy-sur-Serre.
COMIES, (Voir Combes) ; p. 19, 61.
COUCY-LE-CHATEAU, chef-lieu de canton de l'arrondissement de Laon ; p. 91, 104.
COUCY-LÈS-EPPES, commune du canton de Sissonne ; p. 72, 127, 137.
COURJUMELLE, fermes dépendant de la commune d'Origny-Sainte-Benoîte ; p. 71.
COUTENVAL, hameau de la commune de Jeantes ; p. 20.
COUVINS, ville de Belgique, province de Namur ; p. 122.
CRAMAILLE, commune de l'arrondissement de Soissons ; p. 46.
CRUPILLY, commune du canton de La Capelle ; p. 18, 84, 137, 140, 164.
CUIRIEUX, commune du canton de Marle ; p. 164.
CUIRY-LÈS-IVIERS, commune du canton de Rozoy-sur-Serre ; p. 56, 164.
DAGNY, commune de Dagny-Lambercy, canton de Rozoy ; p. 53, 54, 88, 155, 164, 166, 170, 172.
DOHIS, canton de Rozoy-sur-Serre ; p. 20, 56, 57, 58, 124, 151, 164, 166, 168.
DORENGT, canton du Nouvion ; p. 95.
DUISELER, localité aujourd'hui détruite ; désignée au XVIe siècle sous le nom de *Clos des Urlets* ; elle était située dans la partie nord du territoire de Lemé ; p. 95.

Ebouleau, commune du canton de Sissonne ; p. 90.

Empireville, ancienne ferme détruite au commencement du xixe siècle ; faisait partie du territoire d'Athies, canton de Laon, et appartenait aux religieuses de Montreuil ; p. 143.

Englancourt, commune du canton de La Capelle ; p. 118.

Eppes, commuue du canton de Laon ; p. 69, 70, 72.

Erloy, commune du canton de La Capelle ; p. 84.

Estraon, ancienne localité située sur la commune de Hary ; les uns en voient l'emplacement au hameau de la Chaussée de Hary, d'autres la placent beaucoup plus bas, sur le bord de la Brune vis-à-vis de Hary ; p. 89.

Estrèpelemont, localité restée inconnue ; p. 163.

Etouvelles, commune du canton de Laon ; p. 76.

Etréaupont, village du canton de La Capelle ; p. 4, 17, 18, 20, 35, 46, 56, 80, 82, 96, 97, 98, 99, 101, 102, 106, 113, 155, 161, 163, 164, 166, 167, 168, 171.

Etrepoix, ancien domaine de l'abbaye de Saint-Martin de Laon, situé sur le territoire de Samoussy ; p. 35, 76.

Faïel, ancienne ferme du territoire de Sissonne aujourd'hui détruite ; p. 65, 68.

Festieux, commune du canton de Laon ; p. 127.

Faucousis, ferme de la commune de Monceau-le-Neuf, appartenant autrefois à l'abbaye de Foigny ; p. 94, 95.

Fesmy, commune du canton du Nouvion sur laquelle se trouvait une abbaye de Bénédictins fondée en 1080 ; p. 90.

Flavigny-le-Petit, commune du canton de Guise ; p. 17, 19, 76, 82, 85, 88, 99, 147, 155, 161, 163, 164, 166, 167, 168, 170, 172.

Fleuricourt, dépendance de la commune d'Amifontaine ; p. 66.

Fligies, localité inconnue ; devait être non loin d'Etréaupont ; p. 20.

Fligny, du canton de Signy-le-Petit (Ardennes) ; p. 44, 94, 126.

Foigny, hameau dépendant de la commune de La Bouteille ; possédait une abbaye de Bernardins fondée en 1121 ; p. 3, 42, 52, 53, 75, 76, 93, 94, 95, 96, 97, 98, 99, 102, 145, 154, 163, 165.

Fontaine-lès-Vervins, commune du canton de Vervins ; p. 104.

Fontaine, hameau dépendant d'Hirson ; formait autrefois un village dont l'église fut mère de celle d'Hirson ; p. 3, 4, 17, 27, 54, 117, 121, 161, 163, 167.

Fontenelle, commune du canton de La Capelle ; p. 18.

Fontevrault, ancienne abbaye d'hommes et de femmes de l'ordre de Saint-Benoît, devenue une maison de détention sise dans le département de Maine-et-Loire ; p. 65.

Froidestrées, village du canton de La Capelle ; p. 82, 100, 106, 142, 166.

Froidmont-et-Cohartille, commune du canton de Marle ; p. 66.

Gercy, commune du canton de Vervins ; p. 18.

Gergny, commune du canton de La Capelle ; p. 4, 17, 104, 105, 114, 161, 163, 164.

Gérigny ou Gergny, autrefois hameau dépendant de Thenailles ; a disparu en laissant son nom au lieudit *rue de Gergny* ; p. 89, 102.

Gibercourt, commune du canton de Moy ; p. 79, 164.

Glant, localité située près de Signy-le-Petit (Ardennes) ; p. 32, 69.

Guise, chef-lieu de canton de l'arrondissement de Vervins ; p. 22, 26, 42, 54, 60, 83, 85, 92, 98, 105, 116, 145, 147, 150, 156, 166.

Harbes, ferme dépendant de la commune de Housset ; p. 89.

Harcigny, village du canton de Vervins ; p. 164.

Haudreville, ferme du territoire de Marle et ancienne possession de l'abbaye de Saint-Etienne de Fesmy ; p. 91.

Haumont, ancienne abbaye de Bénédictins située dans le département du Nord ; p. 117, 157.

Haution, commune du canton de Vervins ; p. 150.

Hirson, chef-lieu de canton de l'arrondissement de Vervins ; p. 17, 22, 23, 29, 41, 97, 115, 116, 118, 119, 121, 135, 137, 139, 155, 160, 161, 163, 164, 167, 168, 171.

Homblières, commune de l'arrondissement de Saint-Quentin, ayant possédé une abbaye bénédictine fondée en 650 ; p. 18.

Housset, commune du canton de Sains ; p. 88, 89, 90, 155, 164, 167, 170, 172.

Jeantes, commune du canton d'Aubenton ; p. 17, 18, 46, 47, 48, 49, 50, 51, 52, 53, 54, 56, 59, 66, 154, 155, 161, 163, 164, 166, 167, 170, 171, 172.

Kauni (Chauny ?) ; p. 137, 139, 140.

La Capelle, chef-lieu de canton de l'arrondissement de Vervins ; p. 97.

La Fère, chef-lieu de canton de l'arrondissement de Laon ; p. 18.

La Hérie, commune du canton d'Hirson ; p. 35.

Laigny, commune du canton de Vervins ; p. 104, 150.

Landifay, commune du canton de Sains ; p. 87, 94, 95, 150, 155, 163, 170, 172.

Landouzy-la-Ville, commune du canton d'Aubenton ; p. 28, 97, 154.

Laon, chef-lieu du département de l'Aisne ; p. 2, 3, 4, 17, 20, 21, 23, 27, 30, 32, 33, 35, 37, 38, 43, 45, 47, 50, 51, 54, 57, 59, 67, 68, 69, 72, 73, 75, 76, 77, 78, 82, 84, 88, 90, 91, 94, 96, 112, 114, 121, 124, 125, 126, 127, 129, 133, 134, 137, 139, 142, 148, 149, 150, 151, 160, 163, 164, 165, 168.

La Selve, commune du canton de Sissonne ; p. 129.

Latran, palais habité, à Rome, par les papes jusqu'à leur départ pour Avignon ; p. 166.

Lehaie, localité existant autrefois sur le territoire d'Hirson ; p. 44.

Le Hérie-la-Viéville, commune du canton de Sains ; p. 87, 155.

Lenty (Le), localité qui existait autrefois sur le territoire d'Eparcy, dans le voisinage du territoire de La Hérie ; p. 35.

Lerzy, commune du canton de La Capelle ; p. 4, 78, 79, 80, 81, 82, 104, 140, 142, 161, 163, 164, 167, 170, 171.

Lesdins, commune du canton de Saint-Quentin ; p. 60.

Leuze, commune du canton d'Aubenton ; p. 3, 4, 17, 30, 43, 44, 49, 73, 123, 155, 161, 163, 167, 171.

— 196 —

Liège, ville de Belgique ; p. 122.
Liessies, commune de l'arrondissement d'Avesnes (Nord), ayant possédé une abbaye fondée dans le courant du viiie siècle ; p. 84.
Lislet, village du canton de Rozoy-sur-Serre ; p. 52.
Lobiette (La), dépendance de Saint-Michel ; p. 60.
Logny-lès-Aubenton (Boegnis), commune du canton d'Aubenton ; p. 20, 128, 164.
Longpré, ancien prieuré de l'ordre de Fontevrault, sur la lisière de la forêt de Villers-Cotterêts ; p. 65,
Lugny, village du canton de Vervins ; p. 17, 18, 19, 155, 161, 164, 167, 170, 172.
Luzoir, village du canton de La Capelle ; p. 114, 163.
Marchais, château et commune situés dans le canton de Sissonne ; p. 66, 68.
Marfontaine, commune du canton de Sains ; p. 3, 4, 17, 18, 155, 161, 163, 170, 172.
Maricelle, abbaye située dans le diocèse de Cambrai ; p. 104, 141.
Marle, chef-lieu de canton de l'arrondissement de Laon ; p. 35, 47, 50, 91, 104, 154.
Martigny, commune du canton d'Aubenton ; p. 37, 40, 117, 127.
Mauvinage, hameau dépendant d'Etréaupont ; on le nomme aujourd'hui improprement le Montvinage ; p. 103, 110, 113.
Meaux, chef-lieu d'arrondissement de Seine-et-Marne ; p. 50.
Merouzies, ancien lieu du territoire d'Hirson, dans le voisinage de Lehaie (V. ci-dessus) ; p. 44, 164.
Mondrepuis, commune du canton d'Hirson ; p. 41.
Montaigu, village du canton de Sissonne ; p. 47.
Montcornet, bourg du canton de Rozoy-sur-Serre ; p. 46.
Mont-d'Origny, commune du canton de Ribemont ; p. 141.
Montescourt, commune du canton de Saint-Simon ; p. 79.
Montigny, Montigny-le-Franc, commune du canton de Marle ; p. 55, 75, 127, 143.
Montreuil, dépendance de la commune de Rocquigny, canton de La Capelle ; Montreuil possédait une abbaye de Bernardins fondée en 1136 et transférée à Laon en 1651 ; p. 74, 75, 127, 143.
Mont-Saint-Martin, on ne peut guère appliquer ce nom qu'à la section de Martin-Rieux de la commune d'Any ; p. 4, 17, 161, 163.
Morcelle, localité du Hainaut ; p. 168, 171.
Morgny-en-Thiérache, commune du canton de Rozoy-sur-Serre ; p. 19, 164.
Mouchiaux, (Monceau-le Neuf ?) ; p. 92.
Neufcour, ferme dépendant de la commune de Saint-Michel ; p. 33, 37, 38, 40, 69.
Neuvemaison, commune du canton d'Hirson ; p. 41, 105.
Noyon, ancien évêché, chef-lieu de canton de l'Oise ; p. 74, 79.
Ohis, commune du canton d'Hirson ; p. 17, 92, 161.
Origny-Sainte-Benoite, commune du canton de Ribemont, ancienne abbaye de Bénédictines établie vers 854 ; p. 78, 79, 80, 82, 97, 140.

Pérouse, ville des Etats-Pontificaux ; p. 166.
Peruertz, peut-être Peruweltz ; p. 36, 41.
Pierrepont, commune du canton de Marle ; p. 90.
Plesnoy, ferme de la commune de Proviseux, canton de Neufchâtel ; p. 4, 17, 76, 161, 163.
Plomion, commune du canton de Vervins ; p. 58, 59, 148, 149.
Pouilly, commune du canton de Crécy-sur-Serre ; donné par Clovis à saint Remy qui l'offrit à son tour à l'église de Laon ; Gauthier de Mortagne, évêque de Laon, fit fortifier, en 1173. le château où les évêques résidaient quelquefois ; p. 32, 35.
Provins, chef-lieu d'arrondissement de Seine-et-Marne ; p. 67.
Puisieux, commune du canton de Sains ; p. 85, 86, 92, 129, 137, 139, 149, 164.
Quasebec (?) ; p. 46.
Rary, village disparu, situé entre Bosmont et Saint-Pierremont, canton de Marle ; on désigne encore son emplacement sous le nom de *Hayes de Rary* ; p. 56.
Reims, chef-lieu d'arrondissement de la Marne ; p. 30, 36, 96, 128, 151.
Ribemont, chef-lieu de canton de l'arrondissement de Saint-Quentin ; p. 79, 82.
Rochefort, localité réunie au village de Saint-Michel par suite de l'augmentation de la population ; p. 25, 27, 28, 33, 39, 150, 154.
Ronces-sous-Le Hérie (Les), dépendance de la commune de Le Hérie-la-Vieville ; p. 149.
Roquemont, dépendance du territoire de Housset, commune du canton de Sains ; p. 89.
Roucy, commune du canton de Neuchâtel ; p. 73.
Rougeries, commune du canton de Sains ; p. 4, 88, 161, 163.
Routy (Le), dépendance d'Origny-en-Thiérache ; p. 41.
Rouvroy, commune du canton de Rozoy-sur-Serre ; p. 45, 59.
Rozoy-sur-Serre, chef-lieu de canton de l'arrondissement de Laon ; p. 2, 4, 17, 20, 45, 47, 49, 53, 58, 119, 124, 160, 165.
Rumigny, chef-lieu de canton du département des Ardennes, p. 40, 44, 126, 156.
Sains, chef-lieu de canton de l'arrondissement de Vervins ; p. 4, 95, 99, 155, 161, 163, 167, 170, 171.
Saint-Algis, village du canton de Vervins ; p. 4, 17, 155, 161, 163, 167, 170, 171.
Saint-Clément, village du canton d'Aubenton ; p. 17, 19, 59, 148, 149, 161, 163.
Saint-Denis, chef-lieu d'arrondissement de la Seine ; jadis célèbre abbaye ; p. 84.
Saint-Eloque, moulin qui était situé sur le ruisseau qui descend de Sommeron à Gergny où il se réunit à l'Oise ; p. 166.
Saint-Gobert, commune du canton de Sains ; p. 84.
Saint-Nicolas-sous-Ribemomt, ancienne abbaye de Bénédictins fondée vers 1083 et qui forme une dépendance de Ribemont ; p. 58, 87, 156.
Saint-Quentin, chef-lieu d'arrondissement de l'Aisne ; p. 20, 24, 79, 80, 98.
Saint-Remacle, (Voir Stavelot) ; p. 156.

Sissonne, chef-lieu de canton de l'arrondissement de Laon ; p. 3, 4, 17, 21, 28, 31, 37, 61, 62, 63, 64, 65, 66, 67, 68, 129, 130, 131, 132, 133, 134, 135, 155, 161, 163, 164, 167, 171, 172.

Soissons, chef-lieu d'arrondissement du département de l'Aisne ; p. 145.

Sommeron, commune du canton de La Capelle ; p. 100, 111, 114, 115.

Soupir, commune du canton de Vailly ; p. 131.

Stavelot, petite ville de Belgique, dans la province de Liége ; doit son origine à une abbaye fondée en 621 par saint Remacle ; p. 156.

Tarzy, village du canton de Signy-le-Petit (Ardennes) ; p. 44.

Teubeis, village détruit situé autrefois sur le territoire de Housset ; p. 3, 4, 17, 94, 161, 163.

Thenailles, village du canton de Vervins, possédant les restes d'une abbaye de l'ordre de Prémontré fondée en 1130 ; p. 54, 88, 126.

Thiérache, ancienne subdivision de la Picardie, actuellement représentée à peu près par l'arrondissement de Vervins ; p. 2, 4, 17, 160, 165.

Transliaux, ferme aujourd'hui détruite qui se trouvait sur le territoire de Juvincourt, canton de Neufchâtel ; p. 167.

Trèves, ville d'Allemagne ; p. 43.

Torcy, fermes dépendant de Parpeville, appartenant autrefois à l'abbaye de Saint-Nicolas sous Ribemont ; p. 150.

Tournoison, ancien fief situé sur l'Oise, territoire de Ribemont ; p. 81.

Tupigny, commune du canton de Wassigny ; avait un prieuré dépendant de Coincy ; p. 163.

Ungival, lieu situé sur le territoire de Vaux-sous-Laon ; p, 3, 18, 20, 165.

Valroy (La), ancienne abbaye située sur la commune de Saint-Quentin-le-Petit (Ardennes) ; p. 67.

Val-Saint-Pierre, dépendance de Braye-en-Thiérache ; avait une célèbre chartreuse fondée en 1140 ; p. 163.

Vauclerc, commune du canton de Craonne ; ancienne abbaye de Bernardins fondée en 1134 ; p. 76, 134.

Vaux-sous-Laon, faubourg de Laon ; p. 18, 19, 74, 75, 77, 78, 125, 126, 127, 143, 148, 165, 168.

Vervins, chef-lieu d'arrondissement du département de l'Aisne ; p. 154.

Vigneux, village du canton de Rozoy-sur-Serre ; p. 51.

Vilencel, ferme du territoire de Parpeville, canton de Ribemont ; p. 21, 77, 149, 164.

Villemarie, ancien domaine détruit depuis longtemps ; il était situé à l'extrémité méridionale du territoire d'Eppes ; son emplacement, désigné successivement sous les noms de Villamaria, Villemeroi, Villemaroi, porte aujourd'hui le nom de Viellemarole ; p. 66, 69, 70, 71, 72, 127, 137, 166, 168, 171.

Villers, situé peut-être sur le territoire de Wattigny : *Villier apud Watigni*, dit une charte de 1169 ; p. 94, 95.

VITERBE, ville des Etats-Pontificaux ; p. 24.
VOHARIES, village du canton de Sains ; p. 90, 163.
VOULPAIX, commune du canton de Vervins ; p. 150.
VREGNY, commune du canton de Vailly ; p. 19.
VUINO, peut-être une abréviation de *Vervino*, Vervins, chef-lieu d'arrondissement du département de l'Aisne ; p. 47, 48.
WATTIGNY, village du canton d'Hirson ; p. 94, 95, 97, 98, 118, 135, 136, 165.
WATTINES (LES), ferme située sur le territoire de Martigny-en-Thiérache ; p. 33.
WIGNEHIES, commune de l'arrondissement d'Avesnes (Nord) ; p. 122.
WIMY, commune du canton d'Hirson ; p. 17, 36, 88, 105, 155, 160, 163, 164, 167, 171.

FIN DES TABLES

ERRATA

Page 4. Cette page est suivie immédiatement de la page 17 ; c'est une simple erreur de pagination.

Page 55. Lisez, à la 2ᵉ ligne du titre, RELIGIEUX au lieu de RELIGIEUSES.

Pages 97 et 98. En tête des quatre articles contenus en ces deux pages, lisez 176, 177, 178, 179, au lieu de 276, 277, 278, 279.

Page 142. 11ᵉ ligne, lisez 1260 au lieu de 1200.

Page 161. A la 11ᵉ ligne, lisez *alleu* au lieu de *alca*.

IMP. DU JOURNAL DE VERVINS, RUE DE PARIS, 31.

www.ingramcontent.com/pod-product-compliance
Lightning Source LLC
Chambersburg PA
CBHW061306110426
42742CB00012BA/2081